Paul Biegel

Das Schlüsselkraut

Paul Biegel

Das Schlüsselkraut

Ein Märchen

Illustrationen von
Johannes K. G. Niedlich

Der Kinderbuchverlag
Berlin

Aus dem Holländischen von Lotte Schaukal

Originaltitel: Het Sleutelkruid, erschienen bei Uitgeversmaatschappij Holland in Haarlem

ISBN 3-358-01468-1

1. Auflage 1989

Lizenz-Nr. 304-270/574/89
Gesamtherstellung: Karl-Marx-Werk Pößneck V15/30
LSV 7751
Für Leser von 9 Jahren an
Bestell-Nr. 633 772 5
00550

Erstes Kapitel

Wenn man weit nach Süden reist, kommt man an das Blaue Meer. Das ist nicht immer so gewesen, denn früher lagen dort die Kupfernen Berge, die bei Tag so grell in der Sonne funkelten, daß man nicht hinschauen konnte. In diesen Bergen befand sich eine Tür, und durch diese Tür gelangte man in eine Burg voll kupferner Gänge und Säle, und in dieser Burg wohnte der alte König Mansolein.

König Mansolein hatte einen Bart, der sich wie ein Mantel um seine Füße legte, und darauf schlief ein Hase, das einzige Wesen, das noch für ihn sorgte, denn König Mansolein war beinahe vergessen. Mehr als tausend Jahre lang regierte er schon über alle Tiere, auch über die Drachen, die es damals noch gab, und über die Zwerge. Aber weil er niemals aus seiner Burg herauskam, kannte ihn fast niemand mehr. Seine Diener waren einer nach dem andern gestorben, bis nur noch der Hase übrig war. So lebten die zwei ruhig in der Kupfernen Burg, bis der König eines Tages zu husten begann, daß sein Bart wackelte, und der Hase sich Sorgen machte.

Der Wunderdoktor wurde herbeigeholt, damit er den

König untersuche. Als das geschehen war, nahm er den Hasen mit in ein anderes Zimmer und sagte: »Ich habe mein Ohr an die Brust des Königs gelegt und durch seinen Bart hindurch ein Pfeifen gehört. Sein Herz tickt wie eine schief stehende Uhr, und das kommt vom Alter.«

Der Hase schaute bekümmert drein.

»In einer Woche kann der König tot sein«, fuhr der Wunderdoktor fort.

Der Hase begann zu schluchzen.

»Sein Herz muß aufgezogen werden wie eine Uhr, dann wird es ihm besser gehen.«

Der Hase sah auf: »Gibt es dafür ein Mittel?«

»Jawohl«, antwortete der Wunderdoktor, »das Schlüsselkraut. Aber da muß ich viele Tage reisen, um es zu finden. Wenn ich damit zurückkomme, ist es zu spät.«

Der Hase ließ die Ohren hängen. »Gibt es denn kein Mittel für die Zwischenzeit?« fragte er.

»Kein Mittel, das man schlucken kann«, erwiderte der Doktor, »aber vielleicht etwas anderes.« Er nahm seine Brille ab, mit der er so gelehrt aussah, und fuhr fort: »Das Herz des Königs muß einmal des Tages schnell schlagen, dann kommt er vielleicht durch. Erzähl ihm jeden Tag eine spannende Geschichte, bevor er ins Bett geht.«

Der Hase hatte die Ohren gespitzt, aber jetzt knickten sie wieder ein. »Ich habe vor sieben Jahren meine letzte Geschichte erzählt. Ich weiß keine mehr, und die Bücher kennt der König alle auswendig.«

Der Wunderdoktor grübelte lange. Endlich setzte er seine Brille wieder auf, nahm sein Köfferchen in die Hand

und sagte: »Ich gehe das Schlüsselkraut holen. Unterwegs werde ich jedem, dem ich begegne, sagen: Wer eine Geschichte weiß, der soll in die Burg unter den Kupfernen Bergen eilen und sie dem König erzählen. Vielleicht kommen genug für die Tage, die ich weg bin. Ich werde es sehen, wenn ich mit dem Kraut komme. Auf Wiedersehen!« Damit ging er zur Tür hinaus, die mit einem Schlag zufiel, daß die kupfernen Gewölbe widerhallten.

Lange stand der Hase unbeweglich auf der Stelle und dachte nach. Dann ging er in die Küche, um Feuer zu machen für den Braten und den Pudding, den der König so gerne aß.

Es war spätabends, der König hustete ärger als zuvor und wollte schon ins Bett gehen, da wurde dröhnend an das Eingangstor gepocht. Der Hase nahm die Laterne vom Haken, zündete die Kerze an und ging hinaus.

»Wer ist da?« rief er.

»Ein Geschichtenerzähler«, antwortete eine heisere Stimme. Der Hase öffnete das Tor weit und hielt die Laterne hoch, um zu sehen, wer das wohl sei. Das flakkernde Kerzenlicht fiel auf einen schrecklichen riesengroßen Wolf, der sogleich eine Pfote über seine grünen Augen hielt. »Nicht so viel Licht, bitte«, knurrte er, »und laß mich nur schnell herein.« Er schob den Hasen zur Seite und zog selbst die Tür hinter sich zu. »So, mein Herr, und jetzt bring mich zum König. Ich weiß eine Geschichte; wenn er die hört, wird es ihm bestimmt besser gehen.«

»Hat dich der Wunderdoktor geschickt?« fragte der Hase.

»Ja, freilich«, antwortete der Wolf.

Während sie durch die langen Gänge gingen, dachte der Hase, daß es eigentlich recht gefährlich sei, so wildfremde Leute in die Burg einzulassen. Gott weiß, was der Wolf in seinem Leben schon alles angestellt hatte.

»Was bedeutet das?« fragte der König, als er den Wolf sah.

»Majestät, ein Besucher«, sprach der Hase feierlich.

»Soso.« Der König setzte sich bequemer und putzte seine Brille mit seinem Bart. »Das ist lange her, sechzig Jahre, schätze ich, daß Besuch zu mir gekommen ist.«

Zum Erstaunen des Hasen machte der schreckliche Wolf eine tiefe Verbeugung vor dem König und sprach: »Großer, tausendjähriger König, Herrscher über uns alle, vor Euch beuge ich mich, vor niemandem sonst. Darum bin ich gekommen, da Ihr krank seid, um Euch das größte Abenteuer zu erzählen, das noch niemand sonst je gehört hat.«

»Soso«, sagte der König wieder, während er mit seinen schwachen Augen den Wolf musterte. »Ich habe noch deinen Großvater gekannt, glaub' ich. Den Wolf Esmaril meine ich, oder war es Dago?«

»Mein Großvater war der schreckliche Wuwolf mit der kahlen Flanke«, antwortete der Wolf. »Von ihm handelt meine Geschichte.«

Die Erzählung des Wolfs

In den dunklen Tannenwäldern hoch oben im Norden war früher ein Ort, wo sich nie jemand hinwagte. Die Bäume standen dort in einem Kreis rund um einen Haufen Felsbrocken, die so ausgezackt waren wie die Zähne einer alten Hexe.

Es wohnte an diesem Ort auch eine Hexe, so glaubten die Wölfe, aber der Wuwolf glaubte es nicht. »Es gibt keine Hexen«, sagte er. »Und wenn ich einmal Zeit habe, dann werde ich dorthin gehen und kräftig zwischen den Steinen heulen. Dann werde ich schon sehen, ob sie zum Vorschein kommt.«

Die Wölfe, die um ihn her standen, glaubten, weit, weit weg ein Gelächter zu hören, aber das war wohl nur Einbildung. Der Wuwolf schaute sie mit funkelnden Augen an: »Steht da nicht so herum! Gehen wir lieber uns was Leckeres zu essen fangen.«

Sie machten sich auf den Weg, immer zwei und zwei hinter ihm her, bis sie zu der großen Heide kamen, wo sie alle zehn nebeneinander laufen konnten.

Bald ging die Sonne unter, und kaum war es dunkel geworden, da begegneten sie einem riesigen Büffel, der sich von seiner Herde entfernt hatte. Das Tier war dreimal so groß wie der Wuwolf, aber der sprang ihm, ohne zu zögern, auf den Nacken, als hätte er Stahlfedern in den Beinen.

Es war ein furchtbarer Kampf; der Wuwolf wurde von dem Büffel nur so hin und her geschleudert, daß er Himmel und Erde wie einen Brei ineinanderfließen sah. Doch er ließ nicht locker, und am Ende lag der Büffel tot auf dem Boden. Das war ein großer Triumph, und es wäre ein großes Fest geworden, wenn nicht etwas Seltsames geschehen wäre. Hinter ihnen erhob sich ein wildes Geschnauf, und als der Wuwolf sich umschaute, sah er einen noch größeren Büffel dastehen, der plötzlich kehrtmachte und die Richtung zum Wald einschlug.

»Wu, wu, Wölfe«, schrie der Wuwolf, »ihm nach! Den müssen wir haben!«

Ohne auf seine Kameraden zu warten, stürmte er hinter der weißen Gestalt her in die sinkende Dämmerung hinein. Bald geriet er zwischen die Bäume, aber er behielt seine Beute fest im Auge, wie sehr er auch seinen Pelz an den Dornen zerriß und sich den Kopf an den Bäumen blutig stieß. »Wu, wu!« heulte er wieder, aber der weiße Schatten des Büffels wurde immer blasser und verschwand schließlich.

Der Wolf blieb stehen und spitzte die Ohren. Kein Hufgetrappel, kein Schnauben, kein Knacken von Zweigen. Hatte der Büffel sich versteckt? Vorsichtig schlich sich der Wolf weiter, mit der Nase am Boden, und so kam er bis zu der Lichtung, wo die Tannen in einem Kreis um einen seltsamen Haufen von Steinen standen.

›Da wird er sein!‹ dachte der Wolf und sprang mitten obendrauf. Aber die Steine wichen auseinander – jedenfalls kam es ihm so vor –, und kein Büffel war zu sehen.

»Wu!« heulte der Wolf.

»Wu-u-u-u!« klang es von sieben Seiten her, als ob sieben andere Wölfe ihm antworteten.

»Kommt hierher!« rief er, denn das waren ja die anderen Wölfe, die ihm nachgelaufen waren – so dachte er.

Aber von sieben Seiten klang es: »Hierher-er-er-er!«

Der Wuwolf schaute sich nach allen Seiten um. Nichts als Steine sah er, drohend aufragende Felsblöcke, aber keinen weißen Büffel und keine Wölfe.

Er wollte schon weiterlaufen, da hörte er es hinter sich schnauben. Mit einem Ruck drehte er sich um und sprang auf einen Stein, doch dahinter lagen wieder nur neue Steine. Dann vernahm er ein leises Lachen. »Wer ist da?« knurrte er böse, aber siebenmal kam die Antwort zurück: »Da-a-a-a?«

Der Wuwolf sträubte seine Nackenhaare.

»Wo steckst du?« rief er noch grimmiger.

»Du-u-u-u-u«, war wieder die Antwort, aber zwischendurch hörte er deutlich »Hier!« rufen, und so begann die fürchterliche Jagd zwischen den rufenden Steinen nach der unsichtbaren Beute. Die Nägel des Wuwolfs kratzten über die Steine, sein Schwanz schlug gegen die scharfen Kanten, seine Ohren schürften sich an den rauhen Vorsprüngen wund, während er wie ein Toller von einem Block zum andern raste. Denn immer kam die Stimme: »Hier bin ich!« von woanders. Aber jedes Mal widerhallte auch sein Wutgeheul siebenmal, so daß er sich schließlich die Vorderpfoten in die Ohren stopfen mußte und keuchend liegenblieb, ganz schwindlig von dem ewigen Herumrennen im Kreis.

In diesem Augenblick kam der Hier-bin-ich zum Vorschein. Es war aber kein weißer Büffel, es war die Hexe.

»So, Wolfi«, gackerte sie, »jetzt siehst du, daß es mich

gibt.« Und dabei lachte sie unheimlich, daß es zwischen den Steinen nur so polterte.

Der Wuwolf machte die Augen halb zu, so daß sie nur mehr zwei grüne Schlitze waren, und schaute sie an. »Wer bist du also?« fragte er.

»Ich bin die Echohexe«, sagte sie, »und ich werde dich in Stein verwandeln, denn steinerne Wölfe geben ein schönes Echo.«

Jetzt begann der Wolf zu lachen. »Das kannst du ja nicht«, sagte er verächtlich. »Und wenn du mich anrührst, beiß' ich dich tot.«

Die Echohexe schüttelte den Kopf, daß ihre Backen wackelten, und rief: »Ich brauch' dich gar nicht anzurühren. Ich sage ein Zauberwort zu dir, und du wirst zu Stein. Setz dich nur recht schön hin.«

Der Wuwolf stand langsam auf. Groß und stark war er, aber über die Hexe hinwegzuspringen, das hätte nichts geholfen. Sie brauchte nur zur Seite zu treten, das Zauberwort zu sagen, und er würde als ein Stein umfallen. Da mußte er sich schon etwas Besseres ausdenken.

»Nein«, sagte er, »ich werde mich nicht setzen. Ich werde stehen, als ob ich springen wollte, dann werde ich ein viel schönerer Stein. Aber dann mußt du bis drei zählen, bevor du das Zauberwort aussprichst.«

»Einverstanden«, sagte die Echohexe.

Es dauerte lang, bevor der Wuwolf einen passenden Platz gefunden hatte. Endlich stellte er sich ganz dicht vor einen Felsblock, spannte seine Muskeln, nickte zu der Hexe hin und wartete. »Eins, zwei, drei!« rief die Hexe. Und dann kam das Zauberwort.

Aber bevor es noch ganz aus ihrem Munde draußen war, tat der Wuwolf den allergrößten Sprung seines Lebens und verschwand hinter dem Felsblock. Das Zauberwort, das die Hexe zu ihm hin rief, kam zu spät. Es prallte gegen den Felsblock, der es zur Hexe zurückwarf. Sie stieß einen schrillen Schrei aus und wurde selbst zu Stein.

Als der Wuwolf, knapp an der Hexe vorbei, wegrannte, riß sie ihm noch mit ihren steinernen Nägeln ein Stück aus seinem Pelz. Das ist nie mehr nachgewachsen, und der Wuwolf mit der kahlen Flanke ist auch nie mehr zu diesem Platz zurückgekehrt.

Manche behaupten, daß der letzte Schrei der Hexe noch immer zwischen den Steinen hin und her hallt. Andere sagen, das sei der Wind.

Der Wolf hatte seine Geschichte beendet und machte wieder eine tiefe Verbeugung vor König Mansolein. Der Hase sprang vor und steckte eines seiner Ohren unter den Bart des Königs, um zu hören, ob das Herz nun besser klopfe, aber Mansolein schob ihn weg und sagte: »Bring sofort das große Gästezimmer für den Wolf in Ordnung. Er hat schön erzählt, und ich selbst will ins Bett gehen.« Dabei gähnte er so genußvoll, daß der Hase ein klein wenig beruhigt war.

Der erste Tag war vorbei. Der Wunderdoktor auf der Suche nach dem Platz, wo das Schlüsselkraut wuchs, war zwanzig Meilen gegangen und bis an die Kahle Heide gelangt.

Zweites Kapitel

Am nächsten Morgen fühlte sich König Mansolein so wohl, daß er mit dem Wolf einen kleinen Spaziergang durch den gläsernen Saal seiner Burg machte. Die Sonne schien herein, und die roten Geranien leuchteten, aber der König mußte niesen und setzte sich daraufhin gleich wieder nieder, denn er war müde geworden. Mittags nickte der König ein wenig ein, und der Hase war gleich wieder so besorgt, daß er aufs neue sein Ohr unter den Bart des Königs steckte, um das Herz klopfen zu hören.

»Schlägt es noch?« fragte der Wolf.

Der Hase nickte. »Ganz leise«, murmelte er und entfernte sich kopfschüttelnd in die Küche.

Eine Weile später, als er das dampfende Sauerkraut in der Pfanne umrührte, tippte ihm jemand auf die Schulter; es war der Wolf, der sagte: »Es ist jemand draußen am Tor. Er klopft so leise, daß man es kaum hört.«

Der Hase hoppelte durch den Gang und öffnete das Tor. Da hockte ein kleines Eichhörnchen mit einem riesengroßen Schwanz, der wie ein Rad hinter seinem Rükken stand. »Wohnt hier der König Mansolein?« fragte es mit einem dünnen Stimmchen.

»Jawohl«, antwortete der Hase.

»Oh, dann habe ich eine sehr lustige Geschichte zu erzählen«, sagte das Eichhörnchen. »Das muß sein, sagt der Wunderdoktor ...«

»Sehr gut, sehr gut«, murmelte der Hase. »Komm nur herein. Hast du gerne Sauerkraut?«

»Haselnüsse habe ich lieber«, piepste das Eichhörnchen, während es im Hineintrippeln mit seinen Schnurrbarthaaren über die kupfernen Wände strich, um zu probieren, wie sich das anfühle, »aber ich will gern einmal Sauerkraut kosten.«

Es mußte mit dem Wolf in der Küche essen, während der Hase dem König servierte.

Aber nach Tisch durfte es hereinkommen, um seine Geschichte zu erzählen, und weil es nur eine ganz leise Stimme hatte, mußte es ganz nahe beim König sitzen, am besten auf seinem Bart. Der Hase und der Wolf sprangen auf die Ofenbank, und dann begann das Eichhörnchen zu erzählen.

Die Erzählung  *des Eichhörnchens*

Eines Tages rief das Eichhörnchen Lesp seine Frau und seine Kinder zusammen und sagte: »Wir ziehen um.«

»Wohin, Vater?« fragten sie.

»An die andere Seite der Ebene. Da stehen schönere Bäume.«

Die Frau und die Kinder sagten: »Gut«, winkten den Nachbarn und ihren Freunden und Freundinnen Lebewohl zu und gingen mit dem Vater.

Sie wanderten den ganzen Vormittag bis in die Mittagsstunden, aber als sie endlich auf der andern Seite angelangt waren, zeigte es sich, daß das jüngste Eichhörnchenkind verschwunden war.

»Oh, das ist zurückgeblieben und hat sich gewiß verirrt«, rief die Frau. »Mann, geh es sofort suchen!«

Vater Lesp lief den Weg zurück und rief immerfort: »Peterchen, Peterchen!«, aber er bekam keine Antwort. Auf einmal stand er vor einer Giraffe, die in der Sonne gelegen und geschlafen hatte und sich nun reckte und in die Höhe streckte.

»Ach«, sagte das Eichhörnchen, »ich habe mein kleines Bübchen verloren. Darf ich auf deinen Hals hinaufklettern und schauen, ob ich es irgendwo sehe?«

»Das kostet zwei Gulden«, erwiderte die Giraffe.

»Und wenn du selbst schaust, ohne daß ich auf dich hinaufklettere, wieviel kostet es dann?«

»Einen Gulden.«

»Ich habe aber nur 75 Kreuzer«, sagte das Eichhörnchen.

»Dafür schaue ich in drei Windrichtungen«, antwortete die Giraffe.

»Also gut«, sagte Lesp. »Hier sind einmal 25. Schau dafür nach Süden.«

Die Giraffe nahm das Geld, machte auf ihren Stangenbeinen eine halbe Drehung und schaute. »Nichts zu sehen«, sagte sie.

»Hier sind noch einmal 25«, sagte das Eichhörnchen. »Schau bitte jetzt nach Westen.«

Die Giraffe nahm das Geld und drehte ihren Hals nach Westen.

»Das ist nicht ehrlich«, rief das Eichhörnchen. »Durch das Drehen wird dein Hals kürzer.«

»Dein Bübchen ist aber doch nicht da«, antwortete die Giraffe.

»Ja, und du knöpfst mir mein ganzes Geld ab und machst deine Arbeit nur halb«, brummte Lesp.

»Soll ich noch weiterschauen?« fragte die Giraffe.

»Ja, wenn du deinen ganzen Körper drehst, ich hab' noch 25 Kreuzer.«

»Für 30 dreh' ich mich«, sagte die Giraffe.

»Soviel hab' ich nicht«, sagte das Eichhörnchen mit gesenktem Blick. »Bitte hilf mir und schau ...«

»Wohin?«

»Nach Norden«, entschied das Eichhörnchen. »Und ... wart einen Augenblick, ich werde mir 3 Kreuzer beim Hamster ausborgen, reck bitte deinen Hals.«

Die Giraffe reckte sich und schaute und reckte sich wieder und schaute.

»Für noch 3 Kreuzer etwas nach Osten bitte«, rief Lesp.

»Nichts zu sehen«, sagte die Giraffe.

Jetzt war Lesp sein ganzes Geld los und hatte noch 6 Kreuzer Schulden beim Hamster, aber er wußte wenigstens, daß er sein Bübchen in östlicher Richtung suchen mußte.

Zuerst sprang er zum Hamster. Der gab ihm noch 10 Kreuzer und einen guten Rat dazu. Paßt auf:

»Bitte, Giraffe«, sagte Lesp, als er zurückkam, »hier sind die 6 Kreuzer vom Hamster, und ich muß dir noch ein Geheimnis von ihm erzählen. Hör zu ...«

Die Giraffe bog ihren Kopf hinunter, aber sie konnte sich nicht bis zum Eichhörnchen bücken. »Wart einmal!« rief Lesp.

Er machte einen Sprung und kletterte bis hoch auf den Hals der Giraffe hinauf. »Smispel, smispel, smil«, flüsterte er in das warme Giraffenohr und schaute währenddessen angestrengt nach Osten.

»Wie?« fragte die Giraffe.

»Ich seh' ihn schon!« schrie Lesp so laut, daß der Giraffe das Ohr dröhnte, und er rutschte auf den Boden, war in vierzehn Sprüngen bei seinem Kind und nahm es mit, bevor sich die Giraffe noch von ihrem Schreck erholt hatte.

Kaum hatte das Eichhörnchen seine Geschichte beendet, da begann König Mansolein so heftig zu lachen, daß er den Kopf in den Nacken warf. Dadurch zog er seinen Bart unter dem Eichhörnchen weg, so daß dieses rücklings auf seinen Schwanz fiel.

»Ha, ha, ha«, lachte der König. »Dieser Lesp ... Das war sicher dein Vater, und du warst das Bübchen?«

Das Eichhörnchen nickte schüchtern.

»Zeig du doch auch einmal deine Künste«, sagte Mansolein. »Klettere in meinen Bart, dann darfst du mir einen Gutenachtkuß geben.«

Der Hase und der Wolf sahen kopfschüttelnd zu, wie das rote Eichhörnchen an dem weißen Bart emporkletterte und seine Schnurrbarthaare an die alte, runzelige Wange des Königs drückte. »Wünsche wohl zu ruhen, Herr König«, piepste das Tierchen und ließ sich wieder hinuntergleiten.

»Hast du auch sein Herz klopfen hören?« fragte der Hase, als das Eichhörnchen wieder unten stand.

»Ich, ich weiß nicht«, stotterte es, aber der König stand auf und sagte: »Schön, ich geh' jetzt schlafen. Der Wolf bleibt im Gästezimmer, und das Eichhörnchen kann zwischen den Geranien im gläsernen Saal schlafen. Auf Wiedersehen morgen ...«

So endete der zweite Tag, und während der Hase dem König nachschaute, der, auf seinen Stock gestützt, langsam in sein Schlafzimmer schlurfte, stand, fünfzig Meilen weiter, der Wunderdoktor am Fuß eines riesigen Eichenbaums. Es war der einzige Baum auf der Kahlen Heide. Der Platz, wo das Schlüsselkraut wuchs, war noch weit weg.

Drittes Kapitel

Das Eichhörnchen war am folgenden Morgen als erstes wach. Es hörte den Wolf im Gästezimmer schnarchen und beschloß, sich ein wenig in den Sälen der Kupfernen Burg umzusehen. Doch bald erwies es sich, daß alle Türen versperrt waren. Das kam ihm zwar etwas geheimnisvoll vor, aber als ein Weilchen darauf der Hase in die Küche kam, wagte er es nicht, danach zu fragen. Es half ein bißchen mit, hielt Weißbrotscheiben zum Rösten übers Feuer, denn der Hase sagte, der König esse das so gern. »Sein Herz muß mit Schlüsselkraut aufgezogen werden, und bis dahin machen wir es mit geröstetem Brot«, meinte er.

Laut gähnend kam der Wolf in die Küche. »Jetzt hätte ich Appetit auf ein Hühnchen«, sagte er mit rauher Stimme, aber der Hase band ihm schnell eine karierte Schürze um und wies ihn an, das Geschirr von gestern abend zu waschen.

Nach dem Frühstück ging König Mansolein mit dem Wolf und dem Eichhörnchen in den Gängen der Kupfernen Burg spazieren, und der Hase sperrte mit einem großen Schlüssel die Tür zu einem der Säle auf. Da drinnen brannten unzählige Kerzen, deren flackernde gelbe Flammen sich in den kupfernen Wänden spiegelten, so daß die Tiere mit den Augen blinzeln mußten, um sich an das Licht zu gewöhnen. Mitten im Saal befand sich ein steinernes Standbild des Königs aus der Zeit, da er noch jung war und einen kurzen steifen Bart hatte. Zu Füßen des Standbildes lagen dicke Bücher mit Stichen und Karten der Welt, wie sie vor tausend Jahren ausgesehen hatte. Der gefährliche Hexenplatz war auf einem der Stiche in roter Farbe gemalt, und daneben standen alle ihre schrecklichen Taten verzeichnet.

Das Eichhörnchen wollte das gar nicht sehen, aber der Wolf las alles mit funkelnden Augen vom Anfang bis zum Ende.

König Mansolein hatte eine Weile wehmütig sein Standbild betrachtet und war dann aus dem Saal hinausgeschlurft.

»Mein Ende ist nahe«, murmelte er zu sich selbst. »Noch einmal will ich alles sehen, und dann werde ich die Augen für immer schließen.«

›O Gott‹, dachte der Hase, der das hörte, ›ich hoffe nur, daß schnell wieder jemand mit einer Geschichte kommt, denn ...‹

Im selben Augenblick hörte er ein Stimmchen rufen: »Mach auf, mach auf, bitte!«

Der Hase sprang zur Eingangstür. »Wer ist da?« rief er.

»Ikke«, antwortete das Stimmchen.

»Wer ist Ikke?«

»Ikke? Das bin ich! Mach jetzt endlich auf, denn ich steh' hier schon eine ganze Stunde lang!«

Es war ein Kaninchen; es wiederholte, daß es Ikke heiße und schon hundertmal an das kupferne Tor geklopft habe, aber niemand habe es gehört.

Der Hase führte es in die Küche; da durfte es mit dem Wolf und dem Eichhörnchen Tee trinken, während der Hase sein Mittagsschläfchen auf dem Bart des Königs hielt.

Zu Abend aßen sie gelbe Rüben und Pflaumenkuchen, und dann wurde Ikke zum König geführt, damit er seine Geschichte erzähle.

»Wenn es nur eine schöne Geschichte ist«, brummte der Wolf, bevor er mit dem Eichhörnchen und dem Hasen auf die Ofenbank kroch, »denn sonst schlafen wir ein.«

Das Kaninchen machte eine elegante Verbeugung vor König Mansolein, wobei seine Ohren den Boden berührten. Dann setzte es sich kerzengerade auf die Hinterfüße, holte tief Atem und begann.

Die Erzählung des Kaninchens

Die Dünen sind so schön. Im Herbst bekommen die Dornsträucher rote und gelbe Beeren, und dann sind sie noch schöner. Ich hatte einen Bruder, der hieß Flitz. Er konnte viel weiter springen als ich, doch ließ er mich niemals im Stich, auch nicht, wenn wir sehr weite Spaziergänge machten.

Wenn die Sonne schien, roch es so köstlich in den Dünen. Da gab es Blätter, die so süß wie Balsam dufteten, und Thymian und wilde Stiefmütterchen. Mein Bruder zerrieb manchmal solche Blätter zwischen seinen Pfoten und ließ mich riechen.

An einem Morgen, ganz früh, als die Sonne erst auf die höchsten Spitzen der Dünen schien, schüttelte mich Flitz wach und sagte: »Komm mit, heute gehen wir zum Großen Rauschen.«

Das durften wir nicht, denn das sei viel zu weit und nichts für Kaninchen, hatten meine Eltern immer gesagt, aber mein Bruder war so tapfer, daß auch ich mitzugehen wagte. Wir schlüpften aus unserem Loch hinaus und liefen vorsichtig unter den niedrigen Sträuchern auf unsere Düne hinauf. Ganz oben blieben wir sitzen und ruhten uns aus; die Sonne schien so herrlich warm auf unsere Rücken, und vor uns, ganz in der Ferne, konnten wir das Große Rauschen hören.

»Wir werden lange laufen müssen, Ikke«, sagte Flitz zu mir. »Vielleicht kommen wir nicht einmal mehr am Abend nach Hause, aber wir können ganz gut irgendwo draußen schlafen.«

›Ein herrliches Abenteuer‹, dachte ich mir.

»Schau«, zeigte Flitz, »wir müssen über diese Ebene hinüber und an den Büschen vorbei und dann über diese hohe Düne dort.«

Wir machten uns wieder auf und liefen hinunter in die Ebene. Ich erinnere mich noch, daß ein Stückchen weiter ein Trupp Möwen kreischend aufflog, eine von ihnen lachte laut, und das klang ganz ekelhaft.

Erst in den späten Mittagsstunden waren wir oben auf der hohen Düne angelangt. Das Große Rauschen war jetzt viel deutlicher zu hören, aber es lagen immer noch Dünen vor uns, mit hohem Gras darauf, und wir konnten nichts Besonderes sehen.

»Ich trau' mich nicht weiter«, sagte ich zu meinem Bruder. »Das Große Rauschen ist vielleicht etwas Gefährliches, das uns auffrißt. Kehren wir um.«

Ich hatte meine Ohren in den Nacken gelegt, aber mein Bruder strich sie wieder hinauf. »Fürchte dich nicht«, sagte er. »Ich bin doch bei dir. Ich will wissen, was das Große Rauschen ist. Wir hören es den ganzen Tag; ich kann nicht leben und heiraten, wenn ich nicht weiß, wie es aussieht.«

»Ja, willst du denn heiraten?« fragte ich und wurde ganz traurig, denn dann würde er ja nicht mehr mit mir spielen.

»Aber nein«, sagte er und sprang schon über einen kleinen Sandpfad hinunter. Ich hopste ihm nach, und so liefen wir wieder eine ganze Weile weiter. Hier sah es ganz anders aus als bei unserm Bau. Da wuchsen Stacheldisteln und gemeines Peitschengras, und manchmal sanken wir bis zu den Bäuchen in den Sand ein.

Ein Stückchen weiter mußten wir wieder klettern, aber ich war müde, und die Sonne war schon untergegangen. Flitz schob mich ein bißchen von hinten. Ich hörte ihn keuchen, während der Sand unter seinen Pfoten wegrutschte. Je höher wir kamen, desto schärfer blies der Wind, das Gras schlug um meine Nase, und meine Augen waren voll von beißendem Sand, so daß ich davon weinen mußte. Aber Flitz schob und zog, bis wir alle beide oben auf der Düne waren, und da klang das Rauschen so laut wie rollender Donner, und ich wagte nicht hinzusehen. Aber Flitz schon, und ich hörte ihn sagen: »Bruder Ikke, Bruder Ikke, ich sehe das Ende der Welt. Die große schaukelnde Ebene, an die der Himmel anstößt und wo die Sonne hineinsteigt und verschwindet. So schau doch!«

Mein Bruder legte eine Pfote um meinen Hals und hob mit der andern meinen Kopf. »So schau doch!« sagte er, und so traute ich mich hinzusehen.

Ich sah das Meer und die rote Sonne, die darin unterging. Da fing ich an zu zittern und wollte nach Hause, in unseren warmen Bau, denn das endlose Wasser und die donnernde Brandung ist nichts für Kaninchen.

Aber mein Bruder Flitz begann zu tanzen und zu schreien.

»Ich geh' hin!« rief er. »Das ist der Ort, wo die Schuppen der Welt sitzen, die großen weißen, die sie Muscheln nennen.«

»Nein, nein«, rief ich, »bleib bei mir, Flitz. Geh nicht zum Großen Rauschen!« Aber er lief weiter und reckte seine Ohren über den Rand der Düne. »Eine große weiße, eine schöne, große weiße Muschel«, murmelte er, »will ich für meine Braut mitnehmen.«

»Aber du heiratest doch nicht«, rief ich. »Laß mich nicht allein!«

Noch einmal sah sich mein Bruder um. »Warte hier auf mich«, sagte er und verschwand mit einem großen Sprung hinter dem sandigen Hang.

Ich kroch vorsichtig bis an den Rand der Düne und

schaute zwischen dem Peitschengras durch. Tief unter mir, auf dem dämmrigen Strand, glaubte ich seine Gestalt zu erkennen. Aber im selben Augenblick begannen an allen Ecken und Enden Möwen zu kreischen. In Haufen kamen sie herangeflogen und strichen schreiend über den Platz hin, wo ich Flitz gesehen hatte.

»Hier hast du nichts zu suchen!« hörte ich sie rufen. »Weg da, der Strand gehört uns.« Ihr Gekreisch wurde immer lauter und entfernte sich dann wieder.

»Flitz, Flitz!« schrie ich, »Flitz, komm zurück!« Doch das hörte niemand. Ich wollte ihm nachspringen, aber wagte es doch nicht, ich blieb sitzen und schaute und schaute nur auf die weißen Möwen, die immerfort wild durcheinanderflogen. Ganz dicht unter ihnen sah ich meinen Bruder mit seinen langen Ohren herumhoppeln. Dann begann mir alles zu verschwimmen von den Tränen, die mir in die Augen sprangen. Ich glaubte Flitz zu sehen, wie er sich durch die Wellen kämpfte, und fuhr mir schnell mit der Pfote über die Augen, aber als ich wieder schauen konnte, sah ich ihn nicht mehr. Die Möwen kreischten noch, aber nicht mehr so laut, und schließlich flogen sie weg, jede in eine andere Richtung.

Ich wartete und horchte, aber ich hörte nur das Schlagen der großen Wellen auf dem Sand, und es wurde immer dunkler. Wieder begann mir alles vor den Augen zu verschwimmen, denn die Tränen kamen mir wieder: Und die habe ich nicht mehr weggewischt, denn mein Bruder kam nicht mehr zurück.

Ich dachte daran, daß er mich noch nie im Stich gelassen hatte, und wartete die ganze Nacht, aber als die

Sonne auf der anderen Seite wieder heraufstieg, sah ich Flitz nirgends. Ich fürchtete, daß die Wellen ihn mitgenommen hatten, und so lief ich den ganzen Weg nach Hause zurück.

Eine Weile war es still im Saal. Dann sagte Ikke: »Aber zu Hause wollte ich mit niemand mehr spielen, und nach einiger Zeit dachte ich, daß die Wellen Flitz vielleicht irgendwo anders an Land geschwemmt hätten, und da bin ich weggelaufen, um ihn zu suchen, immer weiter, immer weiter, bis ich hier in der Nähe dem Wunderdoktor begegnet bin. Das ist die einzige Geschichte, die ich weiß, und es ist alles wirklich so gewesen – aber vielleicht finde ich Flitz noch.«

König Mansolein blickte auf. Auch in seinen Augen schimmerten Tränen. »Wer weiß«, sagte er leise. »Geh jetzt nur schlafen. Der Hase wird dich in den Saal mit dem Standbild und den dicken Büchern bringen. Da liegt auch ein Kissen.«

Das Kaninchen Ikke verneigte sich und lief mit dem Hasen mit. »Gute Nacht«, brummte der Wolf, und »Schlaf gut«, piepste das Eichhörnchen.

Als sie in den Saal kamen, sagte der Hase: »Wenn dein Bruder Flitz noch lebt, kommt er ganz bestimmt hierher, denn er wird auch eine Geschichte zu erzählen haben.« Mit diesem Gedanken schlief jeder an diesem Abend hoffnungsvoll ein, so daß die Kupferne Burg von dem Geschnarch widerhallte.

Weit, weit weg keuchte der Wunderdoktor über die Kahle Heide. An ihrem Ende tauchten die ersten hohen Berge auf.

Viertes Kapitel

Am nächsten Tag rief König Mansolein den Hasen, den Wolf, das Eichhörnchen und das Kaninchen vor seinen Thron. Er breitete seinen Bart auf dem Fußboden aus und bedeutete ihnen, sich darauf zu setzen. Dann sagte er: »Ich danke euch, daß ihr zu mir gekommen seid, aber jetzt müßt ihr meine düstere Burg wieder verlassen und euer Leben in der Welt weiterführen. Ich bin alt und werde bald sterben. Lebt wohl.«

Der Hase jedoch zwinkerte schnell den Tieren zu, und sie antworteten alle zugleich: »Nein, Herr König, wir bleiben bei Euch, vielleicht kommen noch mehr, dann wird es immer gemütlicher werden.«

Da stand der König auf, so daß sie schnell von seinem Bart herunterspringen mußten, und sagte: »Das ist schön. So will ich heute abend mit euch zusammen im gläsernen Saal speisen. Hase, deck den Tisch mit Kerzen, aber hol zuerst den Schlüssel vom Liliensaal, dort bin ich so lange nicht mehr gewesen.«

Die Tiere folgten ihm und kamen in einen Saal, der hatte einen Fußboden aus festgestampfter Erde, unübersehbar viele Schwertlilien wuchsen darin, und es roch nach Krauseminze. Mittendrin befand sich ein Springbrunnen, der Wasser in einen Weiher spritzte. Darin lebte ein dicker Goldfisch, der Blasen blies, wenn man »Bliss! Bliss!« ins Wasser rief. König Mansolein fütterte ihn mit getrockneten Flöhen.

Mittags deckte der Hase die Tafel, während der Wolf das Feuer in der Küche anfachte und das Eichhörnchen den Kuchenteig ausrollte. Das Kaninchen Ikke knackte Nüsse und legte einen Kranz davon auf die Torte zur Verzierung.

Das Essen verlief heiter und gemütlich bei dem festlichen Kerzenlicht und all den leckeren Sachen, die aufgetischt wurden, aber der Hase horchte zwischendurch immer wieder scharf, ob nicht jemand an die Eingangstür klopfe.

Plötzlich ertönte ein Gläserklirren, und etwas plumpste auf den Tisch dicht neben die Torte. Die Weinflasche fiel um und machte glucksend einen roten Fleck auf dem weißen Tischtuch.

»Quack, quack«, machte jemand. Die Tiere sahen eine dicke Ente vor sich sitzen. »Ich konnte nirgends eine Tür finden«, keuchte sie. »Und dann sah ich Licht und dachte, das Fenster stehe offen, das Glas sah ich nicht. Es tut mir leid, aber ich mußte zum König ... aber wo ist der König? Ich habe ihn noch nie gesehen.«

»Hier sitze ich«, sagte Mansolein, und die Ente, die mit dem Schwanz zum König auf dem Tisch gelandet war, drehte sich hastig um. »Oh, Ihr seid es?« quakte sie. »Was für ein schöner alter Herr, ich meine ... nehmt es mir nicht übel ...«, und sie machte eine tiefe Verbeugung, wobei sie mit ihrem Schnabel unglücklicherweise in die Soßenschale geriet.

»Oh, ph, wie schrecklich!« rief sie und prustete, daß die Tropfen nur so herumflogen und der Wolf etwas abbekam.

»Wuff!« machte der wütend und sperrte dabei den Rachen weit auf, so daß die Ente mit einem gellenden Schrei auf den Kasten flüchtete.

»Stehen wir auf«, sagte der König, »wir werden die Torte nebenan essen.«

Eine Weile später saßen die Tiere rund um den Thron des alten Mansolein auf dem Boden und schmausten ein jedes sein Stück Torte.

»Und jetzt«, sagte die Ente, als sie mit ihrem Stück fertig war, »habe ich etwas zu erzählen, was der König hören muß.« Sie schüttelte ihre Federn, klopfte dreimal mit dem Schnabel auf den Boden und begann.

Die Erzählung der Ente

Was ich erzähle, ist geschehen in dem Teich, der im Wald versteckt liegt. Kein Mensch wußte etwas von diesem Teich, nur die Enten, die dort lebten. Es waren weiße Enten und braune Enten, und die stritten immer miteinander.

Mitten in dem Teich lag ein kleines Inselchen, auf dem etwas Gras und ein paar Sträucher wuchsen. Wenn eine weiße Ente dort hinaufsteigen wollte, jagte eine braune sie weg, und wenn eine braune hinauf wollte, gleich war eine weiße da, um sie daran zu hindern. So ging niemand auf diesem Inselchen spazieren, niemand zertrat das Gras, niemand pflückte ein Blättchen von den Sträuchern.

Die Enten schwammen rundherum und immer hintereinanderher, wobei die weißen laut schnatterten, daß die braunen einmal eine tüchtige Tracht Prügel bekommen müßten, und die braunen zischten, daß die weißen armselige Schlappschwänze seien, die vor einem einzigen Quaker schon die Flucht ergriffen.

So lebten sie jahrelang, aber hie und da flog eine weg, hoch, hoch über dem Wasser in Kreisen, bis über die Bäume des Waldes, so daß die anderen sie aus den Augen verloren. Von so einem Ausreißer hörten sie nie mehr, und schließlich waren nur mehr drei weiße und zwei braune Enten übrig. Die hätten wohl miteinander Frieden machen können, aber immer wenn eine ihren Schnabel auftat, um zu sagen: »Sollen wir jetzt gut miteinander sein?«, dachten die anderen, sie tue es nur, um eine zu picken.

So wäre es weitergegangen mit Schnattern und Zanken und Verfolgungsjagden rund um die Insel, wenn nicht eines Tages ein Zwerg am Ufer erschienen wäre.

»Hallo«, rief der, »ihr da, setzt mich über!«

Die Enten schwammen sogleich auf ihn zu und starrten das kleine Männlein neugierig an. Aber sie hielten sich in einiger Entfernung vom Ufer, denn sie hatten so etwas noch nie gesehen.

»Hockt nicht so blöde da auf dem Wasser«, rief der

Zwerg ärgerlich. »Nehmt mich auf den Rücken, ich muß auf die Insel hinüber.«

Die weißen Enten sahen einander an und die zwei braunen auch. »Da hast du nichts zu suchen«, schnatterten sie.

»Nur wir«, riefen die weißen, aber die braunen schrien noch lauter: »Nichts da, die Insel gehört uns!«

Der Zwerg kniff die Augen zusammen und schaute von den braunen Enten zu den weißen und wieder zu den braunen. »Ihr streitet«, lachte er heiser, »und wißt nicht einmal, worum.« Dann spuckte er ins Wasser und fuhr fort: »Ihr wißt nicht einmal, daß ein Goldschatz auf der Insel vergraben liegt.«

»Was??« kreischten die Enten und begannen schrecklich laut zu schnattern und einander wegzustoßen. Eine jede schrie: »Ich zuerst!« Aber der Zwerg lachte noch lauter und rief: »Ihr könnt ihn ja doch nicht finden, nur ich weiß, wo er liegt.« Die braunen Enten schwammen als erste zu ihm heran. »Sag es uns, dann setzen wir dich über«, flüsterten sie, aber die weißen Enten pickten ihnen in die Schwänze und schnatterten: »Uns brauchst du es nicht zu erzählen, Zwerg, wir setzen dich auch so über. Steig nur auf.« Die größte der weißen Enten, mit Namen Snil, stieg selbst ans Ufer, um es dem Zwerg noch leichter zu machen, aber die zwei braunen flogen wütend auf und jagten Snil wieder ins Wasser.

Der Zwerg pflückte einen Grashalm, begann daran zu kauen und sah sich dabei nach den Bäumen um, die rund um den Teich standen. Sein Blick fiel auf eine Eberesche, die schief gewachsen war und ein Stück über das Wasser ragte. Ein Zweig mit roten Beeren daran hing beinahe bis über die Insel.

»Sapristi«, brummte der Zwerg. »Ich brauch' euch ja gar nicht, ihr Krakeeler«, aber die Enten hörten ihn nicht, weil sie immer noch böse aufeinander einschnatterten. Erst als der Zwerg schon ein Stück am Stamm der Eberesche über das Wasser geklettert war, sahen sie, was vorging.

»Paß auf, der Zwerg klettert hinüber!« riefen die weißen Enten. »Wir müssen uns fest auf die Insel setzen.«

»Ha, ha, ha!« lachten die braunen. »Gleich wird er ins Wasser fallen, und wer ihn dann hat, der hat ihn.« Sie schwammen immer dicht unter dem Zwerg, während sich dieser vorsichtig den Stamm entlang weiterarbeitete.

»Wenn ihr glaubt, daß ich herunterfalle, irrt ihr euch gewaltig!« rief er den Enten zu, aber das war Prahlerei. Denn es ging gar nicht recht weiter, vor allem weil ihm sein Bart immer im Weg war und auch weil das Gekeife der Enten ihn nervös machte. Denn die weißen waren von der Insel zurückgekommen und schwammen um die braunen herum und schauten dabei immerfort hinauf, um zu sehen, ob der Zwerg noch nicht herunterfalle.

Niemand bemerkte daher, daß sie nur zu viert waren. Snil war nicht mehr bei ihnen. Snil war ganz allein auf die Insel geklettert.

›Sie sollen nur streiten über den Zwerg‹, dachte er bei sich, ›dann habe ich eine schöne Gelegenheit, hier einmal herumzuschnüffeln‹, und er spazierte gemächlich über das weiche Gras, das zwischen den Sträuchern wuchs. ›Vielleicht finde ich den Goldschatz allein‹, so überlegte er, aber nirgends war ein umgewühlter Fleck zu entdekken oder ein auffallender Stein oder ein in den Boden gesteckter Pflock, der angezeigt hätte, wo man graben sollte.

Auf einem zwischen drei hohen Sträuchern versteckten Platz fand Snil allerdings fremdartige Pflanzen: grüne, haarige Stengel mit dicken Kugeln daran, wie er sie noch nie gesehen hatte. Vielleicht hatten die etwas zu bedeuten? Doch Snil beschloß, erst einmal nach dem Zwerg zu sehen. Der war inzwischen ein gutes Stück vorwärts gekommen. Er war nicht mehr weit von dem Zweig mit den roten Beeren entfernt. Die Enten unter ihm schnatterten immer aufgeregter: »Er schafft es! Er schafft es!« Dazwischen versuchten sie, einander gegenseitig die Köpfe unterzutauchen.

Es begann dunkel zu werden im Wald. Die Sonne war untergegangen, und der Vollmond stand noch zu niedrig, um Licht zu geben. Der Zwerg hatte den überhängenden Zweig beinahe erreicht. Er war am Ende seiner Kräfte und murmelte unverständliche Worte. Der Stamm, auf dem er saß, war hier schon ganz dünn und bog sich tief durch. Ganz vorsichtig, um nicht das Gleichgewicht zu verlieren, schob er sich weiter. Dann ergriff er den äußersten Zweig. Mit einem großen Schwung würde er das Ufer der Insel erreichen ... Aber als er sich abstieß und die Beine den Stamm losließen, brach die Spitze des Zweigs mit dem Büschel roter Beeren ab. Mit einem Schrei fiel der Zwerg hinunter und plumpste in das schwarze Wasser.

Die Enten schossen herbei und schnappten mit ihren Schnäbeln ins Wasser. Die weißen erwischten etwas, aber die braunen auch. Sie begannen wütend zu zerren, jede Partei an einer Seite; ein grimmiger Kampf begann.

Snil schaute wie gelähmt zu. Undeutlich sah er im Dunkeln, wie die Enten zogen und zerrten, als ginge es um eine Beute. ›Der Zwerg ertrinkt‹, dachte er, ›sie stoßen ihn immer tiefer hinunter, er kann ja gar nicht Luft schnappen.‹ Snil begann zu quaken: »So hört doch auf, ihr Dummköpfe«, und er wollte schon ins Wasser springen, um dem Zwerg zu helfen, als er plötzlich ein Gepruste hörte. Nicht weit von ihm kroch etwas die Uferböschung hinauf. Snil schlich sich vorsichtig heran und schielte hinter einem hohen Grasbüschel hervor. Es war der Zwerg, der seinen triefenden Bart auswand, seinen nassen Kopf schüttelte und die Nasenlöcher ausblies. »Haha«, brummelte der kleine Kerl, »sie sollen nur noch ein Weilchen um den Ast zanken, die dummen Dinger. Dann kann ich hier ruhig meiner Wege gehen.« Er stand auf und verschwand zwischen den Sträuchern, aber Snil wackelte hinter ihm her, denn er dachte, jetzt werde der Zwerg den Schatz ausgraben, und das wollte er sehen.

So tappten die zwei hintereinander durch das hohe Gras, von Strauch zu Strauch, bis an den Platz, wo die fremdartigen Pflanzen mit den Kugelköpfen standen. ›Hier muß es sein‹, dachte Snil, aber der Zwerg begann keineswegs zu graben. Er setzte sich nieder und schien auf etwas zu warten. Snil spähte durch die Sträucher; sein Schwanz wippte vor Erregung.

Langsam kam der Mond hinter den Bäumen hervor und warf mit seinen Strahlen einen Lichtfleck auf das Gras. Der Fleck wurde größer und schob sich allmählich weiter

bis zu den ersten Kugelpflanzen. Und da geschah das Wunder. Kaum hatte ein Mondstrahl so eine Kugel erreicht – paff –, sprang das Ding auf, und eine weiße Blume entfaltete sich, so groß wie eine Faust.

»Ah!« quakte Snil. »Wie schön!«

Mit einem Ruck drehte sich der Zwerg um und sprang auf ihn zu.

»Was machst du denn da, du Topfgucker?« zischte er und packte Snil beim Hals.

»Laß mich los, uh, uh ... laß mich los«, keuchte Snil. »Ich tu' dir doch nichts!«

»Ein ekelhafter Krakeeler bist du«, sagte der Zwerg.

»Ich nicht«, widersprach Snil. »Ich bin der, der dich gleich übersetzen wollte, und dann bin ich hier auf die Insel geklettert, um ... um ...«

Da kicherte der Zwerg: »... um den Goldschatz zu suchen!«

»Na ja, das stimmt eigentlich schon«, gab Snil kleinlaut zu.

»Da hättest du lange suchen können, es gibt nämlich gar keinen Goldschatz hier, das war ein Märchen. Ich komme nur her, um diese Blumen zu pflücken.«

»Was sind das für Blumen?« wollte Snil wissen.

»Weiße Wunschblumen«, antwortete der Zwerg. »Wenn man seine Nase hineinsteckt und fest daran riecht, dann wird einem ganz anders. Wenn man dann hinaufschaut, sieht man, daß die Sterne eine goldene Stadt sind, wo man einfach hinfliegen kann.«

»Und wirst du das jetzt tun?« fragte Snil neugierig.

»Pah«, sagte der Zwerg verächtlich. »Ich hab' keine

Sehnsucht nach oben. Ich pflücke sie nur und trockne sie und sammle die Samen. Ich habe schon eine ganze Scheuer voll davon für schlechte Zeiten.«

»Aber *ich* würde gerne riechen«, sagte Snil.

»Das kostet mich eine ganze Blume«, antwortete der Zwerg, »sie schrumpfen nämlich davon ein, und sie blühen nur einmal im Jahr und nur bei Vollmond.«

»Wenn du mir so eine Blume schenkst, werde ich dich übersetzen«, sagte Snil, »du mußt doch wieder zurück, oder nicht?«

»Also gut«, brummte der Zwerg. »Mir ist es zu kalt, um zurück zu schwimmen.«

Er begann die großen weißen Wunschblumen eine nach der anderen abzupflücken, und als auch die letzte im Mondlicht aufgeplatzt war, hatte er neun beisammen, die er mit einem Grashalm zu einem Bündel band.

»Los, gehen wir«, sagte er, und ein Weilchen später schwamm der große weiße Enterich mit dem Zwerg und den Blumen auf seinem Rücken über das schwarze Wasser. Vorsichtig und mäuschenstill glitten sie dahin, sie sahen und hörten nichts von den anderen weißen Enten und nichts von den braunen. Die saßen sicher ganz traurig bei der Eberesche und zankten zum ersten Male in ihrem Leben nicht miteinander.

Snil setzte den Zwerg wohlbehalten am anderen Ufer nieder.

»Hier ist deine Blume. Und ich lass' sie grüßen da oben«, sagte der Kleine und verschwand brummelnd zwischen den Stämmen.

Einen Augenblick zögerte Snil noch, dann steckte er

seinen Schnabel fest in die Blumenblätter und sog den Duft tief ein, bis er davon ganz benommen war. Wie von selbst wandte er seinen Kopf himmelwärts und schaute. »Ach, wie schön!« seufzte er, denn statt der Sterne war am Himmel eine goldene Stadt, mit goldenen Wiesen und goldschimmernden Teichen. Snil schnatterte: »Ich komme, ich komme.« Schnatternd entfaltete er seine Flügel, schnatternd stieg er auf, und schnatternd flog er in Kreisen rund um den Teich, immer höher und höher, bis über die Bäume und geradeswegs auf die goldene Stadt zu.

»Dort oben fliegt Snil«, riefen die zwei weißen und die zwei braunen Enten, die unter der Eberesche auf dem schwarzen Wasser lagen. »Er hat den Goldschatz gefunden, jetzt brauchen wir nicht mehr darum zu streiten.«

Sie schlossen Frieden; aber hie und da suchen sie wohl noch einmal mit den Schnäbeln im Gras, ob vielleicht etwas vom Schatz liegengeblieben ist, und manchmal stekken sie den Kopf ins Wasser, weil sie nicht begreifen können, wo der Zwerg geblieben ist.

Die Ente schwieg und verneigte sich. König Mansolein fand diese Geschichte auch wieder wunderschön, und der Hase hopste geschwind herbei, um an der Brust des Königs zu horchen, wie sein Herz klopfe. »Hm«, machte er, »Majestät, Ihr müßt schnell schlafen gehen. Ich werde der Ente zeigen, wo sie heute nacht schlafen kann. Im Weiher im Liliensaal, nicht wahr?«

»Sehr gut«, sagte König Mansolein, und nachdem er der Ente einmal über den Kopf gestrichen hatte, als Dank für ihre Geschichte, humpelte er in sein Schlafzimmer.

Die Ente wollte lieber am Rand des Weihers schlafen, auf einem Fuß zwischen den Lilien. Das Kaninchen legte sich wieder zwischen die dicken Bücher, das Eichhörnchen war schon unter die Geranien im gläsernen Saal geschlüpft, und der Wolf schnarchte im Gästezimmer, daß das Bett quietschte.

Der Hase dachte an den Wunderdoktor. Der stand am Fuß der hohen Berge, über die er klettern mußte, um den Ort zu erreichen, wo das Schlüsselkraut wuchs …

Fünftes Kapitel

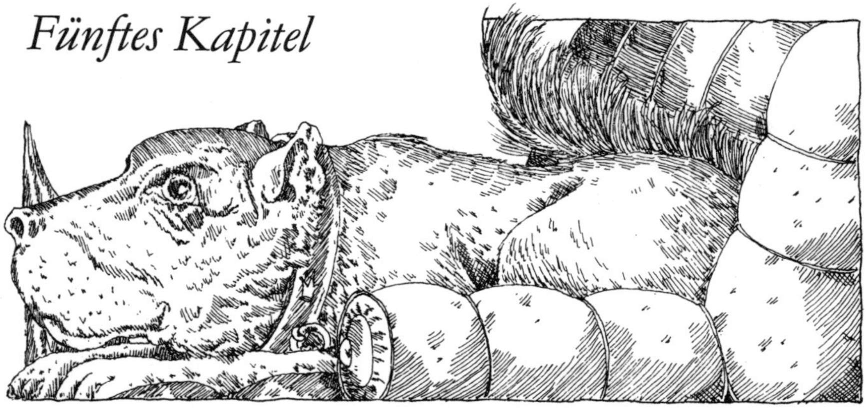

Am nächsten Morgen nach dem Frühstück mußte der Hase den Schlüsselbund holen. König Mansolein ging den Tieren voran zu der größten Türe, die sich auf dem kupfernen Gang befand. Der Schlüssel rasselte im Schloß, die Tür ging auf, und die Tiere sahen in einen großen leeren Raum mit einem grünen Teppich auf dem Fußboden. Mit einem Sprung war der Hase drinnen und begann Purzelbäume zu schlagen, denn er war schon zehn Jahre lang nicht mehr in dem Saal gewesen, und er hatte ihn so gern, weil der Teppich aus echtem vierblättrigem Klee bestand. Dann gingen auch die anderen Tiere hinein. Sie schnupperten und rollten sich im Klee, daß König Mansolein lachen mußte. Aber mittags ging er ins Bett, weil er so müde war, und am Abend sagte er zum Hasen: »Ich bin so alt, ich steh' nicht mehr auf, es kommt ja doch niemand mehr zu Besuch.«

Doch im selben Augenblick pochte jemand an die Tür, und der König sagte: »Gib mir doch meine Pantoffeln.« Und dann schlurfte Mansolein zu seinem Thron, während der Hase das Tor öffnete.

»Mäh, mäh«, machte jemand im Dunkeln. »Ich rieche einen Wolf.«

»Der tut dir nichts«, antwortete der Hase schnell. »Hier in der Kupfernen Burg tut niemand jemandem etwas zuleide. Das gehört sich so in einem Palast. Komm nur gleich herein.«

Ein Schaf trat über die Schwelle und verlangte sogleich einen Kamm, um sich hübsch zu machen.

»Wenn du eine schöne Geschichte weißt, braucht dein Scheitel nicht gerade zu sein«, sagte der Hase. Er nahm das Schaf mit durch den Gang und führte es vor den Thron des Königs.

»Guten Abend«, sagte der Wolf freundlich; das Eichhörnchen und das Kaninchen nickten zur Begrüßung, und die Ente stieß ein solches Geschnatter aus, daß das Schaf vor Schreck auf dem Bart des Königs ausglitt und auf die Knie fiel.

»Das ist nett, daß du kommst«, sagte König Mansolein, »fang nur gleich zu erzählen an.«

Das Schaf neigte den Kopf und mußte eine Weile warten, bis es sich beruhigt hatte. Dann schleckte es über seine Nase und begann.

Die Erzählung *des Schafs*

Ein Schafhirt hatte einen alten Hund, der eines Tages starb. Beim Begräbnis standen alle Schafe wiederkäuend um die Grube herum.

Der Hirt hielt eine Ansprache und sagte: »Jetzt dürft

ihr nicht mehr weglaufen, denn ich habe keinen Hund mehr, um euch zusammenzutreiben.«

Aber eins von den Schafen lief dennoch weg, und der Hirt rief das älteste Schaf der Herde zu sich und sagte: »Hier, zieh meinen Mantel an und sei so lange Hirt, bis ich zurückkomme. Ich gehe das verlorene Schaf suchen.«

Das alte Schaf stellte sich auf die Hinterfüße, zog den Hirtenmantel an, setzte den Hut auf und nahm den Stab in die Klaue.

Bald darauf kam der Prinz des Weges. »Bist du der Hirt?« fragte er.

»Nein«, sagte das Schaf.

»Ist der Hirt tot?« fragte der Prinz.

»Nein, der Hund«, antwortete das Schaf.

»Ist der Hirt ein verlorenes Schaf suchen gegangen?«

»Ja.«

»Sag ihm, daß er zu meinem Palast kommen soll, ich will ihm einen neuen Hund geben.«

»Ist es ein guter Hund?« fragte das Schaf etwas besorgt.

»Ja, freilich, es ist Miskindir.«

Das Schaf schrieb diesen Namen mit seinem Stab in den Sand, und der Prinz ging weiter, nachdem alle Schafe sich tief verneigt hatten.

Als der Hirt mit dem verlorenen Schaf auf der Schulter zurückkam, erhielt er zuerst den Hut, den Mantel und den Stab zurück, und dann erzählte das älteste Schaf, daß der Prinz vorbeigekommen sei.

»So«, sagte der Hirt.

»Wir bekommen einen Hund«, erklärte das älteste Schaf weiter und zeigte auf den Namen im Sand.

»Miskindir«, las der Hirt. »Das ist der größte und treueste Hund, den es gibt.«

»Hurra«, riefen die Schafe und liefen, so schnell sie konnten, zum Palast.

»Hoho!« rief der Hirt, denn er war schon alt, und eines der Schafe nahm ihn auf den Rücken.

Vor dem Palast machten sie halt. Der Hirt nahm den großen Kamm und zog jedem Schaf einen schönen Scheitel über den Rücken, denn sie sollten recht hübsch vor dem Thron des Prinzen erscheinen. Sie übten eins nach dem andern das richtige Niederknien. Dann gingen sie hinein.

Der Prinz saß auf einem goldenen Thron und sagte: »Laßt den Hirten vor!«

Der Hirt kam und machte eine tiefe Verbeugung.

»Deine Schafe sind hübsch gekämmt«, sagte der Prinz. »Ich werde euch Miskindir geben.« Die Tür ging auf, und es kam der Hund herein; er war so groß, daß er des Nachts auf einem Diwan schlafen mußte, und einen Schwanz hatte er, der war so gewaltig, daß man glaubte, es wehe ein Sturm, wenn er wedelte.

Der Prinz sagte: »Miskindir, dieser Hirt ist von nun an dein Herr, und das sind deine Schafe.«

Miskindir drückte seine Schnauze an ein Bein des Hirten und ging dann der Reihe nach an den Schafen vorbei. Er gab jedem seine Pfote, und die Schafe waren sehr verlegen. Hierauf legte er sich zu Füßen des Hirten nieder. Der Hirt kraulte ihn hinter den Ohren und sagte: »Hoheit, ich danke für diesen liebenswürdigen Hund.« Miskindir wedelte mit dem Schwanz, daß die Vorhänge aus den Fenstern wehten.

Darauf verließen sie alle den Palast.

Einige Jahre später war der Hirt so alt, daß er starb. Beim Begräbnis standen alle Schafe wiederkäuend um die Grube herum. Miskindir hielt eine Ansprache und sagte: »Jetzt dürft ihr nicht mehr weglaufen, denn ich kann keinen Befehl mehr bekommen, euch zusammenzutreiben.«

Alle Schafe schluchzten, und Miskindir steckte noch einmal seine Schnauze in das Grab des Hirten und warf es dann zu. Darauf trat das älteste Schaf vor und sagte: »Miskindir, hier ist der Mantel, der Hut und der Stab des Hirten.« Der Hund nahm alles entgegen, und als ein Schaf doch weggelaufen war, zog er den Mantel an, setzte den

Hut auf und nahm den Stab in die Pfote und rief: »Miskindir, hol das Schaf!« Und mit diesen Worten warf er den Mantel, den Hut und den Stab von sich und lief weg, um das Schaf zu holen.

Da kam der Prinz vorbei, sah die Kleidungsstücke des Hirten liegen und fragte: »Ist der Hirt ein verlorenes Schaf suchen gegangen?«

»Nein«, sagte das älteste Schaf. »Der Hirt ist tot.«

»Sucht Miskindir das verlorene Schaf?«

»Ja.«

»Sag ihm, er soll in den Palast kommen, ich will ihm einen neuen Hirten geben.«

»Ist es ein freundlicher Mann?« fragte das Schaf.

Der Prinz jedoch gab keine Antwort und ging weiter.

Als Miskindir mit dem verlorenen Schaf zurückkam und hörte, der Prinz sei dagewesen und habe gesagt, sie würden einen neuen Hirten bekommen, nahm er Mantel, Hut und Stab und sagte: »Kommt mit mir!«

Sie gingen alle miteinander zum Palast.

Vor dem Tor nahm er einen großen Kamm und machte jedem der Schafe auf dem Rücken einen schönen Scheitel. Dann gingen sie hinein.

Der Prinz saß auf einem goldenen Thron und befahl Miskindir, näher zu kommen. Miskindir kam und machte eine tiefe Verneigung.

Der Prinz sagte: »Die Schafe sind hübsch gekämmt, nun werdet ihr einen neuen Hirten bekommen.« Sie erwarteten alle, daß jetzt die Tür aufgehen würde, aber der Prinz sprach: »Der Hirt steht vor euch. Ich werde euer Hirt sein und euch in meinen Palastgärten weiden.«

Da stellten sich alle Schafe wiederkäuend um den Thronsessel auf. Miskindir legte dem Prinzen den Hirtenmantel um, setzte ihm den Hut auf den Kopf und reichte ihm den Stab. Das älteste Schaf hielt die Ansprache und sagte: »Hoheit, wir werden nie mehr weglaufen.«

Seit der Zeit grasen Schafe im Palastgarten, und Miskindir schläft wieder des Nachts auf dem Diwan.

Das Schaf sah auf. »Ich hoffe, die Geschichte hat Euch gefallen, Majestät«, sagte es. »Ich kann nicht gut erzählen und weiß wenig und sehe auch so unordentlich aus, aber ich wollte eigentlich fragen, ob ich heute nacht hierbleiben darf, denn wo soll ich denn sonst hin im Finstern und ...«

König Mansolein nickte, und die anderen Tiere, die beim Kamin saßen, trommelten mit ihren Schwänzen auf den Fußboden; das war das Zeichen ihres Beifalls.

»Hase«, sagte der König, »bring das Schaf in den Kleesaal«, und damit ging er zu Bett, bevor der Hase Gelegenheit hatte, sein Herz abzuhorchen.

Während die Tiere, jedes auf seinem Platz, in der Kupferburg schliefen, kletterte der Zauberdoktor an der glatten Felswand des Gebirges empor. Es begann kalt zu werden im hohen Norden; bald würde das Schlüsselkraut verdorren ...

Sechstes Kapitel

Am folgenden Morgen weckte der Hase den Wolf im Gästezimmer, das Eichhörnchen im gläsernen Saal, das Kaninchen zwischen den Büchern, die Ente im Liliensaal und das Schaf im Kleesaal und sagte: »Der König will heute nicht aufstehen. Er ist alt und krank. Ich fürchte, er wird es nicht durchhalten, bis der Wunderdoktor zurückkommt.«

Die sechs Tiere wurden traurig und schlichen auf den Zehen durch die Gänge, um keinen Lärm zu machen. Der Hase kochte die leckersten Bissen, aber der König kostete nur davon und ließ dann alles stehen.

Abends saßen die Tiere allein im Thronsaal und warteten, ob jemand ans Tor pochen würde. Für eine neue Geschichte würde der König wohl aus dem Bett aufstehen. Sie warteten und warteten, und es wurde immer später, aber niemand kam. Der Hase begann zu schluchzen, und der Wolf wollte ihn trösten, als plötzlich ein hohes Stimmchen zirpte: »Kwiekel, kwiekel.«

In dem Augenblick sprang ein Käfer aus dem dicken Lockenfell des Schafs. »Ich bin im Fell mitgekommen«, zirpte das Tierchen, »ich, ich, ich hätte auch eine Geschichte zu erzählen, aber ich hab' mich nicht getraut, jetzt trau' ich mich schon.«

Die Tiere waren alle von ihren Sitzen gesprungen, denn das kam doch etwas unerwartet. Der Hase ging, dem König die Meldung zu bringen, und der wurde so neugierig, daß er in den Thronsaal kam.

So gab's für diesen Abend doch noch eine Geschichte, und weil der Käfer so klein war, setzte man ihn auf die Rückenlehne des Throns, ganz nah an den Bart des Königs. Die anderen Tiere durften sich alle auf den Bart des Königs legen, damit sie besser hören könnten. Und nun begann der Käfer ganz leise zu erzählen.

Die Erzählung des Käfers

Ein Käfer wohnte in einer Blüte und prahlte immer, er wohne in einem wunderschönen Haus aus Perlmutter. Doch an einem windigen Tag fiel die Blüte ab, und der Käfer mußte am Stamm hinunterklettern und im Gras mit den anderen Käfern wohnen.

Die lachten ihn aus, und das konnte der Käfer nicht vertragen. So zog er aus und wanderte, bis er an den Bach kam. Da tummelten sich ein paar Wasserjungfern, und er rief: »Hallo, könnt ihr mich übersetzen?«

Aber die Wasserjungfern antworteten nicht und flogen über den Bach. Ihre schönen Farben glitzerten in der Sonne, so daß der Käfer große Sehnsucht nach dem anderen Ufer bekam.

Er lief am Ufer entlang, um zu sehen, ob irgendwo eine Brücke sei, aber er fand keine. Dagegen sah er in einiger Entfernung am anderen Ufer einen Baum mit so schönen Blüten, daß er daneben seinen eigenen Blütenbaum ganz ärmlich fand, und er dachte: ›Wie glücklich wäre ich, wenn ich dort wohnen könnte, aber wie komme ich hinüber?‹

Er suchte einen dürren Zweig, schleppte ihn bis ins Wasser, sprang mit einem großen Satz darauf, aber eine wilde Welle schleuderte ihn wieder herunter und auf einen Stein.

Da stand er wie auf einem Felsen mitten im Wasser, hilflos.

Die Libellen kamen wieder, und er rief: »Heda, so helft mir doch!« Aber sie flogen weiter, glitzernd in der Sonne, und verschwanden.

Jetzt trieb ein Eichenblatt vorbei. Der Käfer sprang darauf, aber er war zu schwer, so daß das Blatt zu sinken begann. Das Wasser stieg ihm bis zum Hals, aber gerade in dem Augenblick fühlte er festen Grund unter den Füßen und konnte noch ans Ufer kriechen. Nun war er ebenso weit wie vorher.

»Ach«, seufzte er, »wie werde ich jemals dort hinüber gelangen?« Er lief weiter und begegnete der Spinne.

»Weißt du, ob es hier irgendwo eine Brücke gibt?« fragte der Käfer.

»Jetzt gibt's noch keine«, sagte die Spinne.

»Wann denn?«

»Im Herbst«, antwortete die Spinne. »Dann mache ich selber eine.«

»Darf ich dann hinüber?« fragte der Käfer wieder.

»Das weiß ich noch nicht.«

›Nun‹, dachte der Käfer, ›ohne Brücke komme ich ja doch nicht hinüber. Ich werde also bis zum Herbst warten und sehen, ob ich dann über die Spinnenbrücke darf.‹ So suchte er sich denn eine Wohnung und blieb den ganzen Sommer lang am Ufer des Bachs. Jeden Tag schaute er nach den Libellen aus, die über das Wasser hin und her flogen und Fangen spielten, aber kein Wort sagten.

Im Herbst ging er wieder zur Spinne.

»Wirst du jetzt eine Brücke bauen?«

»Nein, erst ein Netz«, war die Antwort.

»Und nachher dann?« fragte der Käfer.

»Vielleicht.«

Der Käfer wartete fünf Tage, dann sagte er: »Jetzt also?« Doch die Spinne war schon dabei, eine große Hängebrücke zu bauen mit hohen Pfeilern und einem doppelt gewebten Laufsteg. Als sie fertig war, sprang der Käfer darauf, aber die Spinne schrie: »Hallo, hallo!«

»Darf ich nicht darüber?«

»Nur wenn du mir einen schneeweißen Kieselstein bringst.«

Der Käfer machte sich auf die Suche. Er fand rote und graue und braune Kieselsteine, aber keinen weißen. Doch auf einmal sah er eine Perle, die ein Mädchen aus ihrer Halskette verloren hatte. Die Perle war schneeweiß, und der Käfer lief damit zur Spinne.

»Schau her«, sagte er, »da ist auch ein Loch drin, so kannst du sie an dein Bein binden.«

»Schau, daß du weiterkommst«, fuhr ihn die Spinne an, »ich brauche einen Kieselstein.«

Der Käfer suchte weiter und fand schließlich einen, der nur ein winziges schwarzes Fleckchen hatte. Aber der Spinne war der auch nicht recht, so daß der Käfer wieder auf die Suche gehen mußte. Da sah er auf dem gegenüberliegenden Ufer des Bachs einen schneeweißen Kieselstein liegen, und er lief zur Spinne und rief: »Da drüben am andern Ufer, da liegt einer, soll ich den holen?«

»Pah!« sagte die Spinne. »Sieh zu, wie du hinüberkommst. Aber nicht über meine Brücke!«

Jetzt verzweifelte der arme Käfer und sprang ins Wasser, um sich zu ertränken, doch er fiel auf einen dahintreibenden Zweig. Bevor er sich's versah, wurde er an das andere Ufer getrieben und hüpfte an Land.

Kaum hatte er begriffen, was geschehen war, so lief er zu dem Baum mit den schönen Blüten, um dort eine Wohnung zu finden.

Aber ach, es war Herbst geworden, und die Blüten waren abgefallen. Zum zweiten Male in seinem Leben war er ganz verzweifelt und begann zu schluchzen, aber es waren nicht einmal mehr Libellen da, die das hätten sehen können.

›Jetzt will ich hier auch nicht bleiben‹, dachte er, ›da wohne ich lieber im Gras bei den anderen Käfern.‹ Er nahm den schneeweißen Kieselstein und ging damit zur Spinnenbrücke.

»Hier ist der Kieselstein!« rief er. »Ich möchte wieder zurück, darf ich jetzt hinüber?«

Die Spinne kam ihm vom andern Ende der Brücke entgegen und sagte: »Also gut.«

Aber als der Käfer den ersten Schritt auf die Brücke tun wollte, kam ein gewaltiger Windstoß und riß die Brücke samt der Spinne weg.

So mußte der Käfer allein den ganzen Winter am andern Ufer des Baches wohnen, und dort war es bitter kalt.

Als es Frühling wurde, sah er, wie sein eigener Baum sich mit Blüten bedeckte, und war sehr traurig, weil er nicht hinüber konnte.

Wieder kamen die Libellen, die in der Sonne in allen Farben glitzerten und schillerten, und der Käfer rief: »Hallo, so helft mir doch einmal!«

Aber sie antworteten wieder nicht und flogen weiter. Der Käfer sah ihnen nach und – da sah er, wohin sie flogen. Sie flogen zu dem Baum, der die wunderschönen Blüten getragen hatte. Und da konnte er ja selbst auch hin, denn er war ja doch am andern Ufer des Bachs!

Er suchte sich die allerschönste Blüte aus, um darin zu wohnen, und war den ganzen Sommer glücklich.

»Ich hoffe, Herr König, daß Euch die Geschichte gefallen hat«, wisperte der Käfer, als er geendet hatte, hüpfte von der Sessellehne auf den Boden und kroch schnell in das Fell des Schafes, denn er war ganz verlegen. »Ich darf doch hierbleiben, was? Ich werde nicht kribbeln«, sagte er zum Schaf.

Das Schaf wandte nur den Kopf um und brummte: »Meinetwegen, aber höher als auf meinen Hals darfst du nicht klettern.«

»Kwikk! Kwikk!« rief der Käfer und schlief sofort ein. Die anderen Tiere suchten auch ihre Schlafstätten auf, mit Ausnahme des Hasen, der noch eine Weile beim König blieb, um vorsichtig das Herz abzuhorchen. Das hörte sich gar nicht gut an; jetzt klang es wie eine noch schiefer stehende Uhr, so unregelmäßig war das Geticke. »Wenn das Schlüsselkraut nur noch rechtzeitig kommt«, murmelte der Hase.

Aber weit, weit weg war der Zauberdoktor, gerade als er die Spitze des Berges ergreifen wollte, wieder von der Felswand hinuntergerutscht, in eine tiefe Schlucht hinein.

Es begann in den Bergen zu schneien, und dadurch wurden die Wände noch glatter.

›Wenn ich hier nicht bald herausfinde, komme ich nicht mehr rechtzeitig zum Schlüsselkraut‹, grübelte der Wunderdoktor und rieb sich sein verletztes Knie.

Siebtes Kapitel

Das war ein geräuschvolles Frühstück am nächsten Morgen! Das Schaf, das sich als Neuankömmling nützlich machen wollte, reichte die Teller mit dem Haferflockenbrei herum und ließ einen davon klirrend zu Boden fallen, als der Wolf nieste. So fürchterlich war es erschrocken.

Sogar König Mansolein kam in die Küche, um nachzuschauen. Als er alle Tiere da so gemütlich um den Tisch sitzen sah, mußte er lächeln.

»Hase«, sagte er, »hol den Schlüsselbund. Ich will den Turmsaal sehen.«

»Aber so hoch könnt Ihr nicht mehr steigen, Majestät«, wandte der Hase ein.

»Das Schaf wird mich hinauftragen«, erwiderte der König und setzte sich ihm auf den Rücken. Sein Bart hatte dieselbe Farbe wie das Fell des Schafs; man konnte sie nicht auseinanderhalten, so daß es aussah, als wäre das Schaf aus dem Kinn des Königs herausgewachsen. So trabten sie die neunundneunzig Stufen zum Turmzimmer der Kupfernen Burg hinauf.

Dort kam der Wind oft auf Besuch herein und manchmal auch der Blitz. Man konnte an den schwarzen Flekken sehen, wo der gesessen hatte; sonst hing nur noch ein einziges Gemälde da, aber es war nicht zu erkennen, was es vorstellte, so alt war es. Keins von den Tieren fand, daß das Turmzimmer ein behagliches Zimmer sei, und sie waren alle froh, als der König wieder hinunter wollte.

Es wurde ein schöner Tag, denn König Mansoleins Laune blieb gut. Am Abend speisten sie alle zusammen im Thronsaal, und der Hase servierte Grünkohl mit Buttersauce und Krauseminze.

Nach Tisch kletterten die Tiere auf die Ofenbank. Das Schaf durfte unter dem Bart des Königs liegen, so daß nur sein Kopf herausschaute, und dann sagte Mansolein: »Jetzt wünsche ich mir eine neue Geschichte von seltsamen Dingen.«

Im selben Augenblick pochte jemand sehr laut an das Tor. Das Schaf glaubte auch ein Gebrüll zu hören, aber es war nun einmal ein Hasenfuß. Der Hase lief durch den kupfernen Gang. Er fragte nicht erst: »Wer ist da?«, sondern machte sogleich das Tor auf.

Da stand ein Löwe mit einer dunkelbraunen Mähne um den Kopf. »Konntest du nicht früher öffnen?« brüllte er gereizt. »Ich bin nicht gewohnt zu warten.«

Der Hase begann so zu zittern, daß ihm die Laterne aus der Pfote fiel. Es wurde stockfinster; nur noch die zwei funkelnden Augen des Löwen waren zu sehen.

»Nun, nun«, brummte der Löwe, »ich tu' dir ja nichts. So bringt mich halt im Finstern zum König. Wird's bald?«

Sie stolperten durch den dunklen Gang in den Thronsaal. König Mansolein sagte: »Willkommen, Löwe! Bleibt alle sitzen. In meiner Burg tut niemand jemandem was zuleide.«

Es fürchtete sich auch keines der Tiere mehr, nicht einmal das Schaf, das mit großen Augen aus dem Bart des Königs zusah, wie der Löwe seinen Kopf bis zum Boden neigte.

»Setz dich, Löwe«, sprach der König, »und beginne deine Erzählung.«

Die Erzählung  *des Löwen*

Die Hexe hatte hinten im Garten eine Pumpe. Da kam kein Wasser heraus, sondern Zeit. Wenn sie einen Eimer voll hatte, ging sie damit ins Haus und reihte die Augenblicke nebeneinander an eine lange Schnur. Die befestigte sie dann an der Wand, so daß sie alle Dinge sehen konnte, die geschehen waren.

Die Hexe war alt und kurzatmig, darum nahm sie einen Löwen auf, der für sie pumpen sollte. Aber das tat sie nicht nur, weil sie selbst müde davon wurde, nein, sie wollte jemand haben, der stark genug pumpen konnte, um die Ereignisse von morgen herauszukriegen.

Der Löwe war jung und stark. Für zwölf Gulden pumpte er drei Eimer voll, aber als er den vierten Eimer füllen wollte, versagte die Pumpe.

»Bleib dabei und bewache sie«, sagte die Hexe, »dann hole ich meine Mutter, die soll sie reparieren.«

Der Löwe legte sich neben die Pumpe, und seine Mähne ringelte sich um seinen Kopf wie die Enden eines

Wollschals. Nach einer Stunde kam die Hexe mit ihrer Mutter zurück. Diese stieß den Löwen weg und nahm sogleich die Pumpe auseinander, indem sie ihre Nägel als Schraubenzieher benutzte.

»Es fehlt nichts daran«, krächzte sie und zauberte die Pumpe wieder zusammen. Dann begann sie zu pumpen, und es kam wieder Zeit heraus. »Das hab' ich gern«, sagte die Hexe. »Vorwärts, Löwe, vorwärts!« Aber ihre Mutter sagte: »Laß doch das Tier erst einmal ein bißchen zu uns hereinkommen, daß es sich niedersetzen und ausruhen kann.«

Ein Weilchen später saß der Löwe brav und sittsam auf einem Stuhl und schnabulierte ein Stück Zauberkuchen. Die zwei Hexenfrauen saßen vor ihm. Sie fragten ihn, wie seine Mutter heiße und ob er Geschwister habe. Der Löwe schlang seinen Schwanz fest um die vier Stuhlbeine und mußte einen zu großen Bissen ganz hinunterschlukken, um gleich antworten zu können. »Soso«, sagten die Hexen, und dann sprachen sie miteinander über ganz andere Dinge.

Der Löwe brauchte an diesem Tag nicht mehr zu pumpen, aber am nächsten Tag schon. Da bekam er vier Eimer voll, aber beim fünften wollte die Pumpe wieder nicht mehr.

»Ich werde selbst nachschauen, was fehlt«, sagte die Hexe. »Setz dich nur derweilen hinein.«

Das sagte sie nur, weil sie nicht wollte, daß er ihr zusehe, denn sie kannte sich nicht so gut mit der Pumpe aus wie ihre Mutter.

Als nun der Löwe allein im Zimmer war, wagte er, sich

ein wenig darin umzusehen. Die an den Schnüren aufgereihten Ereignisse hingen wie Fotografien an der Wand. Auf der einen Schnur, die die Hexe gestern aufgehängt hatte, sah der Löwe sich selbst, wie er beim Pumpen stand, und dann, wie er daneben lag und wachte. Auf dem nächsten Bild war die Hexenmutter mit ihren langen Nägeln an der Pumpe beschäftigt, und schließlich sah man die Pumpe, wie sie wieder richtig funktionierte.

›Merkwürdige Beschäftigung‹, dachte der Löwe. Er bekam Lust, aufzustehen und da und dort eine Lade zu öffnen und hineinzusehen, aber er traute sich doch nicht recht, und das war auch ein Glück, denn in dem Augenblick kam die Hexe wieder herein.

»Löwe«, sagte sie, »jetzt werden wir einmal zusammen pumpen, oder besser, du stehst beim Schwengel und ich beim Eimer. Und dann mußt du so fest pumpen, daß wir der Zeit zuvorkommen und die Ereignisse von morgen herauskriegen.«

»Ich werde es machen, so gut ich kann«, sagte der Löwe.

Sie gingen in den Garten zur Pumpe, wobei sich die Hexe auf seine Schulter stützte.

»So«, sagte sie, als sie bei der Pumpe waren, »jetzt werde ich bis drei zählen, und dann mußt du anfangen, so fest du kannst.«

Sie stellte sich zum Eimer und sagte: »Eins, zwei, drei, los!«, und in dem Augenblick begann der Löwe zu pumpen, und die Zeit schoß in Strömen in den Eimer. Die Hexe haschte die Augenblicke zusammen, reihte sie an der Schnur auf und rief: »Fester, fester! Ich sehe dich immer dieselbe Bewegung machen!«

»Dsing-piep, dsing-piep, dsing!« kreischte die Pumpe. Die Hexe hielt die Schnur knapp an den Pumpenmund, um möglichst wenig Zeit zu verlieren.

»Ja«, rief sie. »Du bist immer noch gleich! Fester! Fester!«

Der Löwe warf sich mit seinem ganzen Gewicht auf den Pumpenschwengel. Im selben Augenblick stieß die Hexe einen Schrei aus. Sie rief: »Ich sehe dich für immer! Für immer! Für immer!«

Aber der Löwe lag tot neben der Pumpe.

Die Hexe stand mit dem letzten Augenblick, der aus der Pumpe gekommen war, in der Hand. Sie hängte ihn an die Schnur und stieß den Löwen mit dem Fuße an. »Du bist gewesen«, sagte sie.

Da sandte der liebe Gott einen Engel. Der nahm den toten Löwen in seine Arme, daß der Schwanz in einem Bogen herabhing und der Kopf an des Engels Schulter ruhte. Zur Hexe sagte er: »Schau her, eins von Gottes schönsten Stücken. Er konnte sich bewegen und etwas tun, und das kann er jetzt nicht mehr, denn du hast seine Zeit kaputtgemacht. Was mischst du dich in diese Sachen? Laß die Hände von den Dingen, von denen du nichts verstehst.«

Der Engel flog weg, mit dem Löwen in seinen Armen, und ließ die Hexe zurück mit den Zaubereien, die ihr zustanden.

»Eine merkwürdige Geschichte«, seufzte König Mansolein, als der Löwe schwieg. »Mir kommt es vor, als hätte ich sie schon einmal gehört.« Er stand von seinem Thron auf und sagte zum Hasen, der Löwe solle am besten im Turmzimmer schlafen. »Schlaft gut, liebe Tiere!« rief der König noch und verließ den Saal.

So ging wieder eine Nacht vorbei. Der Wolf lag im Gästezimmer, das Eichhörnchen zwischen den Geranien im gläsernen Saal, Ikke, das Kaninchen, bei den dicken Büchern und die Ente im Liliensaal, das Schaf im Kleesaal, der Käfer im Fell des Schafs und der Löwe ganz oben im Turmzimmer.

Zwei von ihnen schliefen nicht in dieser Nacht. Das Kaninchen blätterte bei Kerzenlicht in den Büchern, um zu sehen, ob vielleicht etwas über seinen Bruder Flitz darin geschrieben stehe, der Löwe hielt eine flackernde Fackel zu dem Gemälde hin und musterte genau die schwachen Linien, die zu sehen waren. Er glaubte eine Hexe zu erkennen und eine Pumpe ... War dieses Bild einer der Augenblicke aus seiner Erzählung? Aber wie kam es dann hierher in König Mansoleins Burg?

Der Hase schlief friedlich, denn es ging dem König jetzt wieder viel besser. Aber der Wunderdoktor, auf der Suche nach dem Schlüsselkraut, stand vor einer unwegsamen Felswand. Diese Seite der Schlucht war unzugänglich, er mußte ganz zurück; vielleicht war auf der andern Seite ein Durchlaß ...

Achtes Kapitel

Der Hase war am nächsten Morgen schon sehr früh aufgestanden, um in der Küche Feuer zu machen, denn er mußte jetzt, da der Löwe da war, einen Extratopf Haferbrei kochen. Die Sonne schien so herrlich in die kupferne Küche, und alles blitzte und funkelte so fröhlich, daß der Hase ein Liedchen zu summen begann. Etwas später kam der Löwe herein und summte sogleich mit seiner tiefen Brummstimme mit. Dann kam der Wolf und tat auch mit, und schließlich erklang ein so fröhlicher Gesang von allen Tieren zusammen, daß König Mansolein sich vom Bett erhob und einen Blick in die Küche warf. Da mußte er lächeln. Und dann auf einmal – zum ersten Male seit hundert Jahren geschah es, daß er mitsang:

»Hopsa, hopsa, hopsa, hit,
wer brüllt, wer piepst, wer quakt da mit?«

Nach dem Frühstück fand der König, es sei eine gute Gelegenheit, um den Gartensaal zu öffnen. In einer Prozession begab man sich bis dahin, der Schlüssel klirrte im Schloß, und alle riefen: »Oh!«, als die Tür aufging.

Der Gartensaal hatte ein Glasdach, und es blühten Tausende von Blumen darin, daß einem beinahe die Augen weh taten von all den Farben.

»Es riecht auch ganz köstlich«, bemerkte das Kaninchen und wollte hineinhoppeln, um herumzuschnüffeln, aber der König hielt es zurück. »Niemand darf da herumlaufen«, sagte er. »Es sind keine Wege darin, du würdest die Blumen zertreten.«

Eine Weile blieben die Tiere stehen und schauten bewundernd, dann spazierten sie weiter durch die Gänge und stöberten den ganzen Tag in der Kupfernen Burg herum, bis das Abendessen aufgetragen wurde: Kleesalat mit Anismilch und geröstete Haselnüsse als Nachspeise.

Der Löwe leckte seine Tatzen, das Eichhörnchen war so tapfer geworden, daß es am Schwanz des Löwen hinauf auf dessen Rücken kletterte und weiter bis auf seinen Kopf, wo es sitzen blieb, um eine Nuß zu schälen.

Spät am Abend, als sie um den Thron des Königs zusammensaßen und es einen Augenblick still war, rief Ikke: »Ich höre Gesang draußen!«

Alles spitzte die Ohren. Ein Gebrumm von tiefen Baßstimmen ließ sich hören, als stünde ein ganzer Männerchor vor der Tür.

»Hase, geh schauen«, sagte der König, und der Hase lief zum Eingangstor; da war der Gesang deutlich zu verstehen.

»Mach auf das Tor, mach auf das Tor,
wir warten schon so lang davor.
Mach auf das Tor, mach auf das Tor,
wir singen schon so lang davor.«

›Das sind sicher Fremde‹, dachte der Hase. ›Darum können sie auch so schön singen.‹ Er hob die Laterne über seinen Kopf, schob den Riegel zurück und öffnete das Tor. Da ging der Gesang in ein tiefes Gebrumme über, und in dem Lichtschein der Laterne sah der Hase zehn Hummeln schweben. »Guten Abend, Abend, Abend«, summten sie. »Wir kommen zum König.«

»Zehn?« fragte der Hase. »Ist das nicht etwas viel?«

»Hm, hm, hm«, brummten die Hummeln, »wir haben eine Geschichte zu erzählen, die wir nur zusammen kennen, jede ein Stück.«

»Na, dann kommt herein«, sagte der Hase. Die Hummeln flogen in einer Wolke hinter ihm drein bis an den Thron König Mansoleins. Dort flogen sie in ehrerbietigem Abstand rund um des Königs Kopf herum und nannten der Reihe nach ihre Namen: »Kesel, Mako, Bum, Gnoktam, Wum, Krenami, Hui, Zenstel, Bilibin, Piritulla.«

Dem König wurde ganz schwindlig davon, und der Hase und die anderen Tiere fragten sich, ob das wohl gar so gut sei für sein Herz. Aber die Hummeln hatten sich inzwischen schon auf dem Tisch niedergelassen, ganz nah vor dem Thron. Sie schlugen mit ihren Flügeln, daß es klang wie leiser Trommelwirbel, dann sagten sie im Chor: »Hört, was wir zu erzählen haben. Höre, König, tausendjähriger Herrscher über uns alle, hört, ihr Tiere, die ihr hier versammelt seid, hört unsere Geschichte.«

Die Ballade  *vom Pferd*

erzählt und gesungen von zehn Hummeln, die es selbst erlebt haben, jede ein Stück.

»Hinter einer ganz dichten Weißdornhecke, im Land des Menschenkönigs, liegt eine versteckte Weide. Dort wächst das Gras so hoch wie Korn, und die Gänseblümchen sind so groß wie Kornblumen. Auf dieser Weide graste ein Pferd. Das hatte eine samtweiche Nase und goldene Hufe. Doch es war traurig, weil es immer allein war. ›Was hab' ich von meinen goldenen Hufen in dem hohen Gras?‹ sagte es zu sich. ›Niemand sieht sie, und es ist auch gar niemand da, der sie sehen könnte.‹

Eines Tages begann es laut zu wiehern, zu stampfen und mit dem Schweif um sich zu schlagen, und auf einmal setzte es sich in Galopp. Es galoppierte über die ganze Weide bis zur Weißdornhecke, aber anstatt dort umzukehren, tat es einen gewaltigen Sprung über die dornige Hecke, und weg war es von der Weide.«

»Wer trägt die goldenen Hufe,
die Hufe aus purem Gold,
pur pur pur pur purpurre,
die Hufe aus purem Gold?

Wer hat eine samtweiche Nase,
eine Nase wie Sammet so weich,
sam sam sam sam samnase,
eine Nase wie Sammet so weich?«

sang der Hummelchor, und dann erzählte die zweite, Mako, was sie wußte: »Am nächsten Morgen erschien ein Bote auf der versteckten Weide. Es war ein Schwan, der fragte, wo das Pferd mit den goldenen Hufen sei.

›Weggelaufen‹, antworteten die Krähen und die Käfer, die es gesehen hatten. ›Und über die Hecke gesprungen‹, rief eine Hummel. Der Schwan schüttelte sein Gefieder: ›Das ist schlimm, sehr schlimm‹, murmelte er, ›das hätte nicht geschehen dürfen. Das Pferd mit den goldenen Hufen war für den König bestimmt, ich war abgesandt, es zu holen.‹

›Davon hat es nichts gewußt‹, sagten die Krähen.

›Natürlich nicht‹, antwortete der Schwan, ›es hätte Geduld haben müssen, o weh. Ich werde dem König melden, daß es weggelaufen ist.‹

Der Schwan schlug mit seinen großen Flügeln, stieß einen Schrei aus und flog würdevoll von dannen, während die zurückbleibenden Tiere ihm lang in den blauen Himmel nachstarrten.«

»Wer trägt die goldenen Hufe,
die Hufe aus purem Gold,
pur pur pur pur purpurre,
die Hufe aus purem Gold?

Wer hat eine samtweiche Nase,
eine Nase wie Sammet so weich,
sam sam sam sam samnase,
eine Nase wie Sammet so weich?«

sangen alle Hummeln, wobei sie mit den Flügeln ein summendes Geräusch vollführten, und die dritte, Bum, trippelte vor und erzählte: »Nachdem das Pferd über die Weißdornhecke gesprungen war, lief es in einem fort weiter, es galoppierte durch Felder und Wälder, es sprang über Hecken und Gräben und schwamm sogar durch einen Fluß. Endlich kam es auf eine Weide, wo andere Pferde grasten.

›Wo kommst du her?‹ fragten die.

›Ach, nur so, von nirgendwo‹, antwortete das Pferd leichthin.

›Nein, so was! Habt ihr schon so was gehört?‹ sagten die andern Pferde und sahen einander an. ›Nun, wenn du grasen willst, geh nur in die Ecke dort.‹ Sie zeigten auf einen kahlen Fleck am Graben, aber das Pferd wollte lieber bei ihnen bleiben und Freundschaft schließen.

›Ich habe keinen Hunger‹, sagte es und legte sich nieder, um auszuruhen.

Da sahen die anderen, daß es goldene Hufe hatte. ›Nein, so was, habt ihr schon so was gesehen?‹ riefen sie. ›Pfui, der reiche Protz!‹, und sie wieherten und machten Späße untereinander, wendeten ihm die Schweife zu und gingen ein Stück weiter grasen.«

»Wer trägt die goldenen Hufe,
die Hufe aus purem Gold,
pur pur pur pur purpurre,
die Hufe aus purem Gold?

Wer hat eine samtweiche Nase,
eine Nase wie Sammet so weich,
sam sam sam sam samnase,
eine Nase wie Sammet so weich?«

sang der Hummelchor, und die vierte Hummel, Gnoktam, setzte die Erzählung fort:

»Am frühen Morgen kam der Bauernknecht Hannes, um die Pferde zu holen. Als er sah, daß ein neues dazugekommen war, kraulte er es zwischen den Ohren und strich ihm über die Nase. ›Du bist ein schönes, braves, gutes Tier‹, sagte er, ›komm du nur auch mit.‹

Das Pferd drückte seine Nase an den Kittel des Knechts und ging hinter ihm her. Die anderen Pferde folgten mit lautem Hufgeklapper den Weg entlang und wieherten dabei spöttisch: ›Er darf immer in der Küche sein, er ist zu vornehm für den Stall. Er kann ja nicht einmal einen Wagen ziehen.‹

Aber da irrten sie sich. Das fremde Pferd wurde vor den Mistkarren gespannt, und Hannes ließ es den ganzen Tag ordentlich arbeiten. Erst als er es am Abend ausspannte und sich bückte, bemerkte er das Funkeln der goldenen Hufe. ›Heiliger Strohsack!‹ rief Hannes.«

»Wer trägt die goldenen Hufe,
die Hufe aus purem Gold,
pur pur pur pur purpurre,
die Hufe aus purem Gold?

Wer hat eine samtweiche Nase,
eine Nase wie Sammet so weich,
sam sam sam sam samnase,
eine Nase wie Sammet so weich?«

sang der Hummelchor dreistimmig und schön im Takt. Die fünfte, die Wum hieß, räusperte sich und erzählte:

»Zuerst wollte der Bauer das Pferd mit den goldenen Hufen verkaufen, aber Hannes sagte, daß es ein gutes und starkes Tier sei. Da durfte es bleiben, und sie wurden dicke Freunde, das Pferd und Hannes. Aber es durfte nicht in die Küche, und als die anderen Pferde sahen, daß es auch hart arbeiten mußte, hörten sie auf zu spotten, und bald unterhielten sie sich auch recht gut mit ihm, wenn sie untereinander waren im Stall oder auf der Wiese. Das Pferd mit den goldenen Hufen war nicht mehr einsam wie früher auf der versteckten Weide und wäre gerne für immer auf dem Hof geblieben.

›Morgen wird gemäht‹, sagte Hannes eines Abends und strich dem Pferd über die samtweiche Nase. ›Eine feine Arbeit.‹ Doch in derselben Nacht wurde das Pferd von dem schlechten Mann Gek gestohlen, der ihm Lappen um die Hufe band und es aus dem Stalle zog.«

»Wo sind die goldenen Hufe,
die Hufe aus purem Gold,
pur pur pur pur purpurre,
die Hufe aus purem Gold?

Wer weiß von der samtweichen Nase,
der Nase wie Sammet so weich,
sam sam sam sam samnase,
von der Nase wie Sammet so weich?«

sang der Chor traurig, und die sechste Hummel, Krenami, fuhr fort:

»Der schlechte Kerl Gek brachte das Pferd in eine einsame Scheune, wo der Schmied mit einer großen Zange bereit stand, um ihm die goldenen Hufe abzuziehen. Aber das ging nicht so leicht. Je mehr sie zogen und zerrten, desto wütender wurden sie. ›Heb deine Füße, verfluchtes Tier!‹ schrien die Männer und versuchten es immer wieder, einmal am linken Vorderfuß, dann am rechten Hinterfuß, aber die goldenen Hufe saßen so fest wie eine Mauer.

Dann zerrten sie gemeinsam an der Zange, sosehr sie konnten, bis die Zange abglitt und sie miteinander rückwärts gegen die Wand fielen. Das Pferd bäumte sich, daß seine Hufe nur so funkelten im Mondschein, und da kriegten es die Männer mit der Angst zu tun. ›Lassen wir's‹, sagte Gek, ›ich werde es so verkaufen‹, und er brachte es zu einem reichen Herrn.«

»Wo sind die goldenen Hufe,
die Hufe aus purem Gold,
pur pur pur pur purpurre,
die Hufe aus purem Gold?

Wer weiß von der samtweichen Nase,
der Nase wie Sammet so weich,
sam sam sam sam samnase,
von der Nase wie Sammet so weich?«

sang der Chor in einer tiefen Tonlage. Dann setzte sich Hui vor den König und erzählte weiter:

»Der reiche Herr ließ das Pferd in einen Stall bringen, wo drei Knechte es sogleich zu putzen begannen, bis zu den Hufen und dann die Hufe selbst, daß sie blitzten und funkelten wie Edelsteine. Dann ward es auf eine Terrasse geführt, wo viele reiche Herren und Damen saßen. Es mußte vor ihnen die Beine heben, eins nach dem andern, um die goldenen Hufe sehen zu lassen, und nachdem jeder ›Großartig!‹ gesagt hatte, wurde es wieder in den Stall geführt.

So ging es viele Tage, bis es an einen anderen reichen Herrn verkauft wurde; der brachte es in einen Saal, dessen Boden mit weichen Teppichen belegt war und an dessen Wänden die schönsten Gemälde hingen. ›Kommt, mein einzigartiges Pferd ansehen!‹ rief der Herr seinen Freunden zu und führte sie in den Saal. Aber da stand der magere, knochige Gaul des Gemüsehändlers, der die zwei Pferde schnell und heimlich vertauscht hatte, weil er ein starkes Tier für seinen Karren brauchte. Das Pferd mit den goldenen Hufen mußte wieder einen Karren ziehen, aber niemand erkannte es, seine Hufe waren rabenschwarz.«

»Wo sind die goldenen Hufe,
die Hufe aus purem Gold,
pur pur pur pur purpurre,
die Hufe aus purem Gold?

Wer weiß von der samtweichen Nase,
der Nase wie Sammet so weich,
sam sam sam sam samnase,
von der Nase wie Sammet so weich?«

sangen die Hummeln. Und wie das gekommen war, erzählte Zenstel, die achte von den zehn:

»Der Gemüsehändler hatte die goldenen Hufe mit Pech

angeschmiert, so daß sich niemand mehr nach dem Pferd umsah. Jahrelang ging es vor dem Karren, wurde getreten und geschlagen, von Fliegen gestochen und von Kindern geneckt und schlief nachts in einem schmutzigen, zugigen Stall.

Es wurde traurig und hielt den Kopf immer gesenkt, so daß es nicht einmal mehr aufsah, als eines Tages Trompetengeschmetter ertönte. Es waren Herolde des Königs, die des Weges kamen, um das Pferd mit den goldenen Hufen zu suchen, aber sie zogen vorüber, ohne auf das Bauernpferd zu achten. Wieder ging ein Winter vorbei, doch in dem folgenden Sommer wurde es eines Abends auf eine kleine Weide gebracht, die schon ganz abgegrast war. Müde ging es umher, auf der Suche nach einem Büschelchen Gras, und bemerkte nicht, daß jemand an die Hecke herangetreten war. Ein leises Pfeifen – und eine Hand mit einem Stück Zucker schob sich durch die Zweige, und da kam das Pferd vorsichtig näher. Es schnupperte, nahm den Zucker, ließ sich kraulen, drückte seine Nase an die Schulter des Mannes, und da schien es sich an etwas zu erinnern. Mit einem Mal summte der Fremde:

›Wer trägt die goldenen Hufe,
die Hufe aus purem Gold,
pur pur pur pur purpurre,
die Hufe aus purem Gold?‹«

Bevor noch der Hummelchor die zweite Strophe begonnen hatte, fuhr die neunte Hummel, Bilibin, schon in der Erzählung fort:

»Es war Hannes, der Bauernknecht, der von den Herolden gehört hatte, daß der König das Pferd mit den goldenen Hufen suche. ›Wie siehst denn du aus!‹ rief Hannes, aber er umarmte das Pferd dennoch. Dann nahm er es mit in den Stall, um es gründlich zu putzen, mit gutem Hafer zu füttern und das Pech von seinen Hufen zu kratzen.

Nach einer Woche war es wieder stark und schön, noch schöner als früher, und hielt den Kopf stolz erhoben. Dann legte ihm Hannes ein neues Geschirr an, führte es hinaus und rief jedem zu, daß er das Pferd mit den goldenen Hufen gefunden habe und es dem König bringe.

In einem festlichen Zug mit Trompetenbläsern und Trommelschlägern, gefolgt von Kindern, die nach dem Takt der Musik Pfannendeckel gegeneinanderschlugen, zogen sie zum Palast. Der König stand im Schloßhof und wartete.

Hannes überreichte dem König die Zügel, und alles jubelte: ›Hurra dem König und Hurra dem Pferd!‹«

Die Hummeln begannen zu tanzen, und in ihrer Mitte stand Piritulla, die zehnte, und erzählte den Schluß:

»Es kam ein Lakai mit einem goldenen Schweif in der Hand, den er über den echten Schweif band. Dann bestieg der König das Pferd und machte einen Rundritt durch die Stadt, wobei Hannes das Pferd am Zügel führte, und rechts und links an den Straßen standen Scharen von jubelnden Menschen.

›Jetzt weiß ich, warum ich goldene Hufe habe‹, dachte das Pferd bei sich. Zum ersten Male fühlte es sich glücklich und nieste fröhlich durch seine samtene Nase. Aber sein goldener Schweif war nicht echt, und das war gut,

denn jetzt spürte es nicht, wenn die Straßenjungen daran zogen.« Der Tanz der Hummeln wurde immer feierlicher, und während sie mit ihren Flügeln so etwas wie einen Trommelwirbel dazu schlugen, sangen sie zum Abschluß mit ihren schönen, tiefen Baßstimmen noch einmal:

»Wer trägt die goldenen Hufe,
die Hufe aus purem Gold,
pur pur pur pur purpurre,
die Hufe aus purem Gold?

Wer hat eine samtweiche Nase,
eine Nase wie Sammet so weich,
sam sam sam sam samnase,
eine Nase wie Sammet so weich?«

»Bravo«, rief König Mansolein, als die zehn Hummeln geendet hatten. »Eine schöne Ballade. Welcher König war das eigentlich?«

Die Hummeln antworteten: »Das war Bossor, der Menschenkönig, Majestät.«

»Ach«, murmelte Mansolein, »den möchte ich gerne wiedersehen!«, und er schwieg lange, in Erinnerungen versunken.

Unterdessen horchte der Hase geschwind unter dem Bart nach dem Herzen. »Ich glaube, es sitzt jetzt besser«, flüsterte er den andern Tieren zu. »Es geht ein klein wenig regelmäßiger.«

Plötzlich sprangen alle miteinander auf. Der Wolf hatte gegähnt. »Ich geh' ins Bett«, brummte er und funkelte die Hummeln mit seinen grünen Augen an. »Ihr summt doch hoffentlich nicht im Schlaf?«

»Nein, nein, nein!« summten die Hummeln laut, und mit einemmal flogen sie alle auf und setzten sich jede auf einen Finger des Königs, um ihm »Gute Nacht« zu sagen, daß es aussah, als hätte der König zehn Ringe mit großen Steinen an den Fingern. Mit dem »Gute-Nacht«-Sagen hatten sie ein gutes Beispiel gegeben. Der Wolf stieß mit seiner Nase an Mansoleins Knie, bevor er ins Gästezimmer ging. Das Eichhörnchen piepste: »Schlaft gut!«, bevor es in den gläsernen Saal zwischen die Geranien schlüpfte. Das Kaninchen Ikke drückte seinen Kopf an einen Pantoffel des Königs und hoppelte zum Büchersaal. Die Ente sagte: »Quack-Gut-Nacht« und watschelte in den Liliensaal. Das Schaf aber rief unter dem Bart des Königs hervor: »Ich bringe Euch auf meinem Rücken zu Bett, Herr König!«

»Kwiekel!« zirpte es ganz leise, ebenfalls aus dem Bart heraus. »Ich werde jetzt schlafen wie ein Stein. Wünsche wohl zu ruhen, Herr König.« Das war der Käfer, der sich noch einmal zwischen den Schaffellocken umgedreht hatte.

Der Löwe trat vor, legte seinen Kopf in den Schoß des Königs und machte »Wuhsih!« durch die Nase. »Schlaf gut, Löwe«, sagte Mansolein, kraulte ihn zwischen den Ohren und strich ihm die Mähne glatt. Darauf stieg das gewaltige Tier in sein Turmkämmerchen hinauf, und die Quaste seines Schwanzes schlug klap-klap-klap über die neunundneunzig Stufen.

Zuletzt sagte der König: »Hase, bring die Hummeln in den Gartensaal; dort können sie in den Blumen schlafen.«

Während die Hummeln summend und brummend hinter dem Hasen herflogen, ritt König Mansolein auf dem Schaf ins Bett; es sah aus, als reite er auf seinem eigenen Bart und ein Schafskopf sei daran angewachsen.

Hoch oben im kalten Norden watete der Wunderdoktor durch einen eiskalten Bergbach. Er hatte einen Ausweg aus der Schlucht gefunden, aber zwei Tage Zeit verloren …

Neuntes Kapitel

Der Hase stellte am nächsten Morgen einen Topf Honig auf den Frühstückstisch in der Küche, aber die Hummeln kamen nicht. Sie blieben den ganzen Tag im Gartensaal, denn da fanden sie genug zu essen und hatten Gesellschaft aneinander.

Die andern Tiere bekamen jedes eine Zunge voll aus dem Topf, aber nicht zu viel, denn es mußte etwas übrigbleiben für schlechte Zeiten.

König Mansolein erschien erst spät am Vormittag. »Ich habe von dem Pferd mit den goldenen Hufen geträumt«, erzählte er, »darum werde ich euch heute die kupfernen Stallungen zeigen.«

Die Tiere folgten ihm neugierig. Doch der Hase keuchte hinterdrein, denn dieser Schlüssel war besonders groß und schwer. Der Löwe steckte ihn ins Schloß, und mit vereinten Kräften stießen sie die riesigen Türflügel auf.

»Ah, oh!« hauchte Ikke, und »Ah, oh!« widerhallte es in dem hohen leeren Raum.

Nur ein paar Pfeiler und leere Tröge waren darin zu sehen; alles Stroh war weggefegt. Über hundert Jahre war hier kein Pferd mehr gestanden.

»Sollen wir es hier wieder wohnlich machen für den Fall, daß ein Pferd kommt, Majestät?« fragte der Hase. Aber König Mansolein antwortete nicht. Er drehte sich um und ging hinaus, in den Thronsaal zurück.

›Er hofft bestimmt, daß das Pferd mit den goldenen Hufen kommt‹, dachte der Hase, ›und vielleicht wird das auch geschehen.‹

Aber es kam ganz jemand anderer an diesem Abend.

Die Tiere saßen beim Nachtisch in der Küche, und der Hase war gerade im Begriff, dem König ein großes Stück Preiselbeertorte in sein Schlafgemach zu tragen, als ein schreckenerregendes Gebrüll zugleich beim Eingangstor, unter dem Küchenfenster und bei der Stalltür erscholl. Alles erschrak, selbst der Löwe, und der Hase ließ die Torte fallen.

»Hui, hui, hui«, ging es wieder. Dann folgte ein gewaltiger Schlag, von dem die ganze Kupferne Burg erdröhnte. »Mach auf!« schnaubte eine heisere Stimme.

»L-löwe, ge-geh sch-schauen!« stammelte der Hase, an allen Gliedern zitternd.

»Hm«, machte der Löwe, aber er schlich doch, vorsichtig an die Mauer gedrückt, zum Tor und versuchte durch den Spalt an der Schwelle zu schauen.

»Heh, kommt denn da niemand?« brüllte der Besucher draußen, und plötzlich wurde Rauch durch den Briefkasten hereingeblasen. Der Löwe prallte zurück und mußte niesen von dem Schwefelgestank.

Doch der Hase zog ihn am Schwanz. »W-wi-wir müssen aufm-machen. B-befehl vom Kö-könig, we-we-wer es auch ist.«

Die Tiere drängten sich dicht aneinander und starrten mit aufgerissenen Augen auf das Eingangstor, während der Löwe es langsam öffnete. Zum ersten Male in ihrem Leben sahen sie den Drachen, den dreiköpfigen Drachen Breng, von dem jeder dachte, daß es ihn schon lange nicht mehr gebe.

»Ei, ei, ei«, begann der Ankömmling, indem er seine Flügel wie einen Regenschirm zusammenfaltete, »ist der König noch am Leben?«

Die Tiere nickten stumm, von Schrecken gelähmt.

»Dann hab' ich eine schöne Geschichte für ihn«, sprach der Drache mit dem einen seiner Köpfe, der eine zuckersüße Stimme hatte. »Eine Prachtgeschichte«, fuhr der andere Kopf fort, dessen Stimme krächzend klang. »Eine gruselige Geschichte«, flüsterte der dritte Kopf heiser, und mit diesen Worten schob sich das Tier zur Tür herein.

Der Hase, der Löwe und die andern Tiere wichen zurück, aber starrten unentwegt auf die sechs feurigen Augen der auf und nieder tanzenden Köpfe, bis sie rücklings über die Schwelle in den Thronsaal stolperten.

König Mansolein war aufgestanden und schaute eine Weile den neuen Besucher mit seinen alten schwachsichtigen Augen forschend an, dann aber erschien ein Lächeln um seinen Bart, wie man schon lange keines mehr auf seinem Gesicht gesehen hatte, und er sagte:

»Du lebst noch, dreiköpfiger Drache? Und Breng ist dein Name, nicht wahr?«

Der Drache antwortete: »Für Euch lebe ich, tausendjähriger König. Vor Euch neige ich meine Köpfe. Für Euch werde ich meine Geschichte erzählen.«

König Mansolein setzte sich nieder und sprach: »Nun, Breng, tausend Jahre und älter bist du selbst. Sei willkommen in meiner Kupfernen Burg. Gerne lauschen wir dir!«

Jetzt krochen alle Tiere auf und unter und neben die Ofenbank, sogar das Schaf, das sich diesmal nicht unter den Bart des Königs wagte, und verhielten sich mäuschenstill. Der Drache Breng legte sich vor dem Thron auf den Boden nieder, hob seine drei Köpfe, einen auf die Tiere und zwei auf den König gerichtet, und begann:

Die Erzählung des Drachen

Vor langer, langer Zeit, als mein Vater, der Drache Fleming, der sieben Köpfe hatte, noch lebte, feierten die Berggeister ein großes Fest. Ich war noch ein sehr junger Drache und durfte nicht teilnehmen, aber mein Vater war eingeladen. Er trank dort Bier aus sieben Eimern zugleich, so daß der Schaum nur so herumspritzte, und es schmeckte ihm so köstlich, daß er danach auch noch sieben Fässer Wein ausschlürfte. Das alles kullerte in seinem Bauch, und um den Brodem loszuwerden, begann er zu prusten, zu husten und zu niesen. Wir Drachen niesen Feuer, wenn wir niesen, aber das haben die Berggeister gar nicht gern. Sie wurden zornig und jagten meinen Vater davon. Aber den Geschmack des Biers konnte er nicht vergessen. Darum ging er zur Hexe Neschi; die sollte für ihn Bier zaubern, und zwar in sieben Eimern zugleich. Die Hexe aber sagte: »Dafür mußt du bezahlen, Drache Fleming.«

Mein Vater gab ihr goldene Dukaten, ich weiß nicht, wieviel, für sieben Eimer Bier und am nächsten Tag wieder. Am dritten Tag wollte er sieben Fässer, und am vierten Tag trank er sieben Tonnen leer. Da waren die Dukaten alle.

»Hexe Neschi«, brüllte mein Vater, »was mußt du haben für sieben Brunnen Bier?«

»Drache Fleming«, krächzte die Alte, »für sieben Brunnen Bier, die in hundert Jahren nicht leer werden, will ich die Flügel deines Sohnes haben.«

Mein Vater flog nach Haus und kam schnaubend auf mich zu.

»Dreiköpfiger Nichtsnutz«, schrie er mich an, »von nun an bleib nur schön auf dem Boden und krieche auf deinen Füßen!« Er machte meine Flügel los und brachte sie der Hexe. Weil ich noch so jung war, konnte ich nichts dagegen tun, aber ich kroch doch hinaus, um zu sehen, nach welcher Seite mein Vater flog. Dann begann ich ihm nachzuklettern, über Geröll und Felsen und über die Bergspitzen, bis ich sein Drachengebrüll hörte und das Geblubber, mit dem er aus dem Bierbrunnen trank.

Zugleich aber sah ich die Hexe Neschi. Sie kam aus ihrer Höhle heraus, hatte meine Flügel an und hüpfte wie ein großer Vogel. Auf und nieder, den Felsenpfad entlang, bis sie auf einmal einen gewaltigen Anlauf nahm und die Flügel weit ausspannte. Da stieg sie auf, höher und höher, aber sie konnte nicht wirklich fliegen, und beim ersten Windstoß klappten die Flügel um, von innen nach außen, wie ein Regenschirm im Sturm.

Mit einem Schrei stürzte die Hexe herab und brach sich beide Beine. Kreischend und mit den Flügeln schlagend, blieb sie liegen. Mein Vater, der das alles mit angesehen hatte, verschluckte sich vor Lachen, so daß er beinahe erstickt wäre und haushohe Feuersäulen in die Luft hustete.

Ich kroch näher heran, um mir meine Flügel wiederzuholen, aber Neschi begann zu jammern und zu flehen. »Trag mich zuerst in meine Höhle, junger Drache, dann bekommst du deine Flügel zurück.«

Ich nahm sie auf meinen Rücken und kletterte zu ihrer Höhle hinauf. Es war stockfinster darin, und ich nieste gelbe Flammen auf den Boden, um doch etwas zu sehen, und setzte die Hexe auf ihren Stuhl. Das war ein Ochsenschädel, dessen Hörner als Lehne dienten.

Das flackernde Licht warf Schatten, die an den Wänden und über die Reihen von Zauberbüchern und Flaschen tanzten.

»Komm einmal her, Drache«, krächzte die Hexe, »dann bekommst du eine Belohnung.« Sie nahm drei silberne Ringe und streifte sie über meine drei Hälse. »Das steht dir hübsch!« rief sie und kreischte vor Lachen.

Doch ich wollte meine Flügel zurückhaben und bat darum.

»Nimm sie nur!« rief Neschi. Aber als ich mich über sie beugen wollte, begannen die silbernen Ringe zu drücken und wurden immer enger, bis mir der Atem ausging. »Das hast du davon, Drache, wenn du dich mit Hexen einläßt. Jetzt bist du für immer in meiner Macht.«

Sooft ich mich an die Hexe heranmachen oder davonlaufen wollte, verengten sich die Ringe von neuem so, daß ich kaum atmen konnte. Und wenn ich versuchte, sie abzustreifen, geschah dasselbe.

So mußte ich bei der Hexe in Dienst bleiben durch Jahre und Jahre und Jahre. Alle Zauberbücher habe ich ihr gereicht, während sie sich nicht von ihrem Ochsenschädel wegrührte, denn sie suchte eine Salbe für ihre gebrochenen Beine.

Ab und zu hörte ich Lärm draußen: meinen Vater, der betrunken vom Bierbrunnen aufflog und unter siebenstimmigem Gebrüll in der Luft herumtaumelte. Felsbrokken, die donnernd in die Tiefe rollten und ins Meer plumpsten; das Geknatter von brennenden Föhren, in die der Blitz eingeschlagen hatte. Sonst aber wußte ich gar nichts mehr von der Welt.

Als Neschi ihr letztes Zauberbuch durchgeblättert hatte, ohne eine Salbe gefunden zu haben, sagte sie: »Drache, hier sind deine Flügel. Nimm sie, flieg damit zu den Menschen und hol Salbe für meine Beine. In fünf Stunden mußt du zurück sein, oder deine silbernen Ringe werden dich ersticken.« Sie schnallte die Flügel auf meinen Rücken, und zum ersten Male nach hundert Jahren kam ich ins Freie und flog über die Erde. Die Bierbrunnen waren ausgetrocknet, und mein Vater, der Drache Fleming, lag tot am Fuß des Berges. Die ganze Gegend war ausgestorben, aber ich hatte keine Zeit zu verlieren und flog nach Süden, wo ich unter den Menschen Angst und

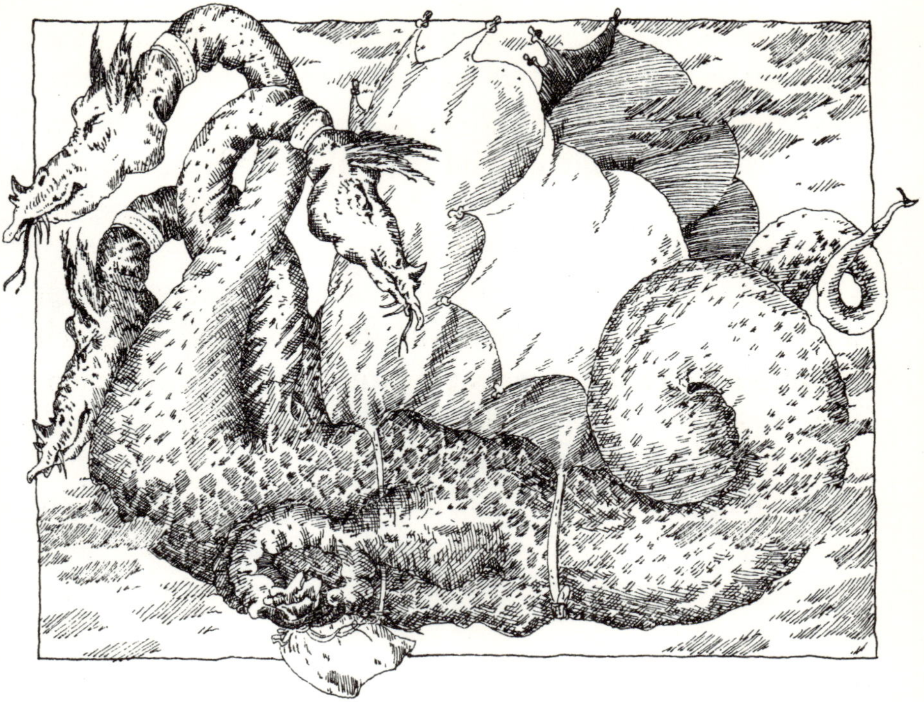

Schrecken verbreitete. Drachenfeuer niesend und blasend, zog ich durch eine Stadt und nahm so viele Salbtöpfe mit, wie ich finden konnte.

Genau nach fünf Stunden war ich zurück bei Neschi, die mir meine Flügel wieder abnahm und daranging, die Salben zu probieren. Aber nichts half, soviel sie auch rieb und mischte und schmierte; ihre Beine wurden nicht besser, und sie mußte auf dem Ochsenschädel sitzen bleiben.

Hundert Jahre später krächzte sie wieder: »Drache, hier sind deine Flügel. Nimm sie, flieg damit zu den Menschen und hol einen Sack Buchstaben. Binnen fünf Stunden mußt du zurück sein, oder du erstickst.«

Zum zweiten Mal fühlte ich mich frei, wie ich so über

die Berge hinflog, und ich spie Feuer zu den Wolken hinauf und ins Meer, daß es zischte und dampfte. Wieder zog ich durch die Stadt, die Menschen mit Schwefeldämpfen vor mich her jagend, und packte alle Säcke mit Buchstaben zusammen, die ich finden konnte. Dann flog ich zurück, aber auf halbem Wege begannen die silbernen Ringe an meinen Hälsen immer enger zu werden, denn die fünf Stunden waren beinahe um. Keuchend und nach Atem ringend, fiel ich vor dem Höhleneingang zu Boden und stolperte hinein. Neschi ließ die Ringe wieder weiter werden, nachdem ich ihr die Säcke mit den Buchstaben übergeben hatte.

»Mach Licht, Drache«, krächzte sie. Ich mußte gelbe Flammen in drei eiserne Töpfe schnauben, die vor ihr standen.

»Ah!« rief sie, »jetzt werde ich sehen, wie die Zaubersalbe bereitet werden muß.« Sie nahm einen Sack, blies darauf und leerte ihn auf den Boden aus.

»Agg brzm kff aiopf«, stand da und noch eine ganze Menge unlesbarer Wörter, die nichts bedeuteten.

Neschi stieß die Buchstaben wütend mit dem Fuße weg, nahm den nächsten Sack und machte dasselbe damit. Aber es wurde wieder »Bgg bgg frrrr« daraus statt des Zauberrezepts und seiner Bestandteile, die man zusammenrühren mußte. So machte sie stundenlang weiter und am nächsten Tag wieder, bis alle Säcke geleert waren. Dann mußte ich die Buchstaben einsammeln, so daß sie wieder von neuem anfangen konnte. Wochen. Monate, Jahre betrieb sie dieses Spiel, aber schließlich sagte sie zu mir: »Jetzt mach's du einmal, Drache.« Ich nahm einen

Sack, streute die Buchstaben auf den Boden und las, was da stand.

»Gib mir meine Flügel. Gib mir meine Flügel. Gib mir meine Flügel.«

Neschi wurde wütend, obwohl die Worte doch nur unglücklicherweise und ganz zufällig so herausgekommen waren. »Da!« kreischte sie. »Da hast du sie! Flieg hin und hol den Wunderdoktor. In drei Stunden mußt du ihn gefunden haben, sonst kneipen dir die silbernen Ringe mit einem Schlag alle deine Kehlen zu, und du fällst tot aus der Luft.«

Zum dritten Mal konnte ich frei herumfliegen, aber inzwischen war ich ein alter weiser Drache geworden, der schlaue Listen ersinnen konnte. Statt den Wunderdoktor zu suchen, packte ich mit meinen Krallen einen alten Bauern, der auf seinem Acker stand, und versprach ihm einen großen Schatz, wenn er täte, was ich ihm sagte.

In zwei Stunden war ich mit dem Bauern zurück in der Höhle der Hexe. »Schau, hier ist der Wunderdoktor«, sagte ich und machte nur wenig Feuer, damit Neschi ihn nicht gut sehen konnte. Der alte Mann untersuchte die gebrochenen Hexenbeine, nahm seine Mütze ab und sagte: »Verehrte Zauberfrau, ich werde Sie heilen.«

Er nahm zwei Bohnenstangen, legte sie an die Beine der Hexe an und sprach: »Die müssen festgemacht werden. Dafür brauche ich die silbernen Ringe von den Hälsen des Drachen. Gib sie mir.«

»Geht es nicht auch mit Bindfaden?« fragte die Hexe.

»Nein, es muß Zaubersilber sein«, antwortete der Bauer.

Neschi war so neugierig, zu erfahren, ob das wohl helfen würde, daß sie an weiter nichts dachte. Sie zog die Ringe von meinen Hälsen, und der Bauer streifte sofort zwei davon über die Bohnenstangen und ihre Beine. Dann rief er: »Fest zusammendrücken!« Aber im selben Augenblick warf er den dritten Ring über ihren Kopf.

Bevor die Hexe noch begriff, was vorging, wurde ihre eigene Kehle von ihrem eigenen silbernen Zauberring zusammengedrückt, und sie fiel tot vor dem Ochsenschädel nieder.

Ich bin mit dem alten Bauern weggeflogen und habe ihn alle seine Taschen mit dem Gold eines Schatzes anfüllen lassen, der in den Bergen lag. Und weil ich ihn ja sowieso wieder nach Hause bringen mußte, hat er auch noch seine Schuhe ausgezogen und mit Perlen gefüllt für seine Tochter.

Danach bin ich viel über der Erde herumgeflogen, habe aber niemals Schrecken verbreitet oder Schaden angerichtet, weil es ein Mensch gewesen ist, der mich befreit hat. Und wenn ich niesen mußte, dann tat ich es über dem Meer.

Der Drache Breng schwieg, und jetzt erst sahen König Mansolein und die Tiere, daß er an seinen Hälsen drei rote Striemen hatte. »Wohlan«, sprach der König nach einer langen Stille, »deine Erzählung ist die Geschichte des letzten Drachen in meinem Reich. Ich bin froh, sie gehört zu haben. Du darfst den Rest deines Lebens in den kupfernen Stallungen meiner Burg wohnen. Die Tiere werden dich dorthin geleiten.«

Zitternd nahm der Hase die Laterne vom Haken. »Kommst du mit, Ikke?« fragte er das Kaninchen und nahm es bei der Pfote. Das Kaninchen nahm mit der andern Pfote das Schaf beim Fell, und dieses nahm das Eichhörnchen und dieses wieder den Wolf und dieser den Löwen, und dann traute sich auch die Ente mitzugehen. Nur der Käfer und die Hummeln hatten keine Angst, denn was kann schon ein Drache diesen Tieren tun? So gingen sie in einer Reihe dem dreiköpfigen Drachen voran zu den Ställen, die eine geräumige Unterkunft boten.

»Soll ich etwas Stroh für dich holen?« fragte der Hase diensteifrig.

»Aber nein«, brummte der Drache, »das gibt nur einen Brand, wenn ich niese.«

»Oder vielleicht ein Kopfkissen?« machte sich Ikke erbötig, der gerne zeigen wollte, daß er keine Angst habe.

»Drei Kopfkissen!« rief der Drache. »Aus Stein, bitte«, und er begann seine Schuppenhälse an den Pfählen zu scheuern, denn es juckte ihn.

Der Löwe holte drei tüchtige Steine, und dann sagten die Tiere: »Wünschen wohl zu ruhen!« und verließen den Stall. Das Eichhörnchen schaute sich noch einmal um, bevor es aus der Tür schlüpfte, und so sah es, wie der Drache Flammen über seinen Rücken blies, um den Staub des Tages wegzubrennen und sauber schlafen gehen zu können.

König Mansolein war schon zu Bett gegangen; die andern Tiere folgten seinem Beispiel und krochen jedes auf seinen Platz. Sogar der Hase schlief diese Nacht gut, denn mit dem Herzen des Königs schien es immer besser zu gehen. Er hatte den Wunderdoktor beinahe vergessen.

Aber der Wunderdoktor war inzwischen den letzten Berghang hinuntergerutscht und eilte durch die finstern Tannenwälder zu den schwarzen Föhren, die im Kreise stehen, dort, wo das Schlüsselkraut wächst. Am Horizont ballten sich dunkle Wolken zusammen. Wenn die Schnee brachten, dann war vielleicht alles umsonst ...

Zehntes Kapitel

Als der Hase am nächsten Morgen in die Küche kam, erschrak er gewaltig. Der Drache hatte seine drei Köpfe durch das Fenster hereingesteckt und schnupperte an den Kochtöpfen.

»Nun, nun, brauchst nicht so zu erschrecken«, sagte das Untier freundlich. »Ich werde dir Feuer machen im Herd.« Er blies ein schönes Feuer an, so daß der Hase sogleich mit dem Breikochen beginnen konnte.

Breng bekam drei Teller vorgesetzt, die er sogleich von draußen aufschlabberte, während die andern Tiere drinnen um den Tisch saßen. Langsam verloren sie ihre Angst vor dem Ungeheuer, und als sie am Abend mit König Mansolein durch die Gänge der Burg spazierten, ritt das Eichhörnchen auf dem Rücken des Drachen.

»Heute«, sagte der König, vor der letzten Tür des Ganges stehenbleibend, »heute werde ich euch etwas ganz Besonderes zeigen.«

Er öffnete die Tür, die in den Perlmuttersaal führte. Eins nach dem andern durften die Tiere einen Augenblick hineingehen und sich drinnen umsehen. Zuerst der

Wolf, dann das Eichhörnchen, dann das Kaninchen, die Ente, das Schaf mit dem Käfer, der Löwe, die zehn Hummeln und zuletzt der Drache, aber der mußte den Atem anhalten, so wurde ihm befohlen.

»Jetzt geht wieder«, sprach der König, »und am Abend seh' ich euch wieder um meinen Thron.« Während sich die Tiere leise und flüsternd durch den langen kupfernen Gang entfernten, ging König Mansolein, nur auf seinen treuen Hasen gestützt, in den Perlmuttersaal. Da drinnen sah es aus, als stünde man in einer Riesenmuschel. Der Fußboden, die Wände und die Decke waren so dünn, daß Licht durchschien, wovon der ganze Saal in einem rosigen und veilchenfarbigen Glanz erschimmerte. Die Wände waren mit Reihen von Perlen besetzt und die Bänke und Stühle mit Goldbrokat bezogen.

Der König setzte sich auf den größten Stuhl nieder, und während er sich in dem Saal umsah, erinnerte er sich der großen Feste, die da vor langer Zeit gefeiert worden waren. Er sah die Girlanden wieder hängen und die Lampions, die weißen Rosen und die blauen Glyzinien. Er hörte die Musik, er sah die Tänzer: zwölf Zwerge, die Hände in die Seiten gestemmt und mit den Stiefeln den Boden stampfend, zwölf Schwäne mit wiegenden Hälsen und ausgebreiteten Flügeln, die sich zierlich drehten, zwölf schwarze Bären, die im Takt hopsten und schließlich ausglitten und übereinanderfielen. Er hörte das fröhliche Lachen, das Händeklatschen, das Klingen von Gläsern, er sah seine Diener, mit Schüsseln beladen, hereinkommen, er roch den Duft und schnupperte und schnupperte ... und seufzte auf einmal traurig auf. »Ach, mein treuer Hase, alles ist vorbei. Ich bin alt und werde bald sterben.« Der König griff nach seiner Brust, wie um zu fühlen, ob sein Herz noch schlage. Dann ging er, einen Fuß vor den andern setzend, schwer auf den treuen Hasen gestützt, zu seinem Thron zurück, wo er den ganzen Tag voller trauriger Gedanken sitzen blieb. Selbst die gute Liliensuppe und die köstlichen Bratwurzeln konnten seine düstere Stimmung nicht aufhellen. Nach dem Essen steckte der Hase unbemerkt sein Ohr unter den Bart des Königs. Das Herz klopfte ganz unregelmäßig, wie eine Uhr, die nicht nur schief steht, sondern deren Feder beinahe abgelaufen ist.

›Wenn jetzt kein Geschichtenerzähler kommt‹, dachte der Hase bekümmert, ›dann geht es diese Nacht mit dem König zu Ende.‹

Die andern Tiere begriffen, daß es besser sei, sich still zu verhalten. Sie hatten sich alle um den Kamin gelagert wie immer, nur der Drache lag hinter dem Thron, weil er da mehr Platz für sich hatte.

So waren sie schon über eine Stunde in trüber Stimmung beisammen gelegen, als sie beim Eingangstor ein Glöckchen klingeln hörten. Der Hase sprang auf.

»Gott sei Dank, da ist jemand!« rief er, lief, so schnell er konnte, durch den Gang und öffnete hastig das Tor.

Aber es stand niemand davor.

Der Hase hob seine Laterne hoch über seinen Kopf, um gut zu sehen, doch es war und blieb leer draußen.

»Wer ist da?« rief er.

Da kam eine Antwort.

»Hier! Hier sind wir, vor der Türschwelle.«

Der Hase senkte seine Laterne ganz tief, bis zu seinen Zehen, und bückte sich vornüber, um auf den Boden zu schauen. Da sah er zwei Mäuschen, ein braunes und ein graues, Pfötchen in Pfötchen vor der Türschwelle stehen.

»Wir wissen lustige Geschichten«, piepste das graue.

»Er zwei und ich drei«, piepste das braune.

»Ist nicht wahr! Ich weiß auch drei!« rief jetzt wieder das graue. »Und sie gefallen jedem.«

»Soso, da kommt ihr gerade recht«, sagte der Hase. »Ich werde euch zum König führen.«

Er schloß das Tor zu und lief den trippelnden Mäuschen voran zum Thronsaal. »Majestät«, sprach er feierlich, »hier sind zwei Besucher, die unterhaltende Geschichten zu erzählen haben.«

König Mansolein rührte sich kaum und schien nicht zu bemerken, wie anmutig die Mäuschen sich vor ihm verneigten. Er sagte nur mißmutig: »Also los, fangt an.«

Da machten die Mäuschen ein lustiges Hüpferchen und begannen: »Wir sind eine Stadtmaus und eine Feldmaus. Hört jetzt gut zu!«

Die Erzählungen der Feldmaus und der Stadtmaus

»Ich zuerst!« rief der braune Feldmäuserich. »Ich habe eine prächtige Geschichte, die zwar sehr kurz ist, über die man aber sehr tief nachdenken kann. Sie handelt von der Pferdeblume, und so heißt sie auch. Ich werde sie vortragen. Sie lautet so:

Die Pferdeblume

›Kommst du morgen wieder an mir riechen?‹ fragte die Pferdeblume das Pferd.

Das Pferd kam am nächsten Tag wieder.

›Deine Nase ist so schön warm und so schön weich.‹

Das Pferd kam am folgenden Tag wieder.

›Gib acht, daß du nicht mit deinem Huf auf mich trittst‹, sagte die Blume.

Dann kam ein Bauernmädchen. Sie pflückte die Blume, aber das Pferd lief ihr nach.

›Was willst du denn, Pferd?‹ fragte das Mädchen, aber das Pferd reckte nur seinen Kopf und roch an der Blume in ihrer Hand.

›Lebe wohl, Pferd‹, sagte die Blume. ›Ich werde nie deine Nase vergessen.‹

Die Pferdeblume wurde in eine Vase gesteckt. Nach einer Woche war sie eine graue Kugel geworden. Das Mädchen blies darauf, so daß die Federflöckchen herumflogen. Sie zählte die übriggebliebenen und rief: ›Hurra, ich kriege achtzig Kinder!‹

Zehn kleine Samen fielen an dieser Stelle nieder, und daraus wurden Pferdeblumen, die von der Nase eines Pferdes träumten.

Aus!« rief die Feldmaus.

»Jetzt ich!« rief der graue Stadtmäuserich. »Meine Geschichte ist sehr spannend, und obwohl auch sie nur kurz ist, kann man sie doch ruhig einen Abenteuerroman nennen. Es ist auch eine ganz besondere und klug ausgedachte Geschichte, denn sie spielt in der Zukunft, wo die Menschen in Eisenbahnen und Autos fahren und in großen Städten wohnen. Hört zu:

Das Abenteuer

In Holland, in der großen Stadt Weesp, wohnte ein Mäuserich; der sprang eines Tages in einen Eisenbahnzug, fuhr mit ihm bis Baarn und kroch dort in den Mantel eines Mannes, der in einen Autobus stieg. Der Autobus ging nach Bilt, und dort sprang der Mäuserich auf ein Auto. Aber das fuhr so schnell, daß er vom Winde heruntergeweht wurde, und zwar gerade auf einer Brücke, unter der ein Boot durchfuhr. Der Mäuserich fiel in das Boot und kam nach Tiel. Da wohnte seine Nichte im Hause des Doktors. Er klopfte an ihr Mauseloch.

›Wer ist da?‹ rief die Nichte.

›Miko‹, antwortete der Mäuserich.

›Wie kommst denn du hierher?‹ fragte sie wieder.

›Mit dem Zug, dem Autobus, einem Auto und einem Boot.‹

Der Mäuserich blieb zwei Tage bei seiner Nichte. Sie aßen vom Käse des Doktors, und in der Nacht tanzten sie auf dem Tisch, der schon zum Frühstück gedeckt war. Immer am Topf mit Marmelade und am Topf mit Sirup und am Topf mit Honig vorbei. Und danach schliefen sie in der Serviette des Doktors wie in einem mit schönen weißen Leintüchern bezogenen Bett.

Dann aber mußte der Mäuserich wieder nach Hause.

›Wie kommst du jetzt nach Weesp?‹ fragte die Nichte.

›Mit der Post.‹

Er gab ihr einen Kuß und sprang in eine Schachtel, die für die Post bereitlag. Die Schachtel ging nach Den Haag, aber im Zug kroch der Mäuserich heraus und suchte ein Paket nach Weesp. Er sprang in das Fach, wo ›W‹ daraufstand. Da lag ein Paket für Weert, eins für Wijk und eines für Wilp, aber keins für Weesp.

›Dann also nach Baarn‹, dachte der Mäuserich, aber in dem Fach mit ›B‹ lag nur ein Paket für Bussum. ›Das ist auch gut‹, fand der Mäuserich. Er biß ein Loch in das Paket und kroch hinein. In Bussum sprang er aus dem Zug und lief nach Karnemelksloot. Dort lag ein Holzschuh. Da machte er sich aus einer Zeitung ein Segel und fuhr nach Weesp. Zu Hause brachte er ein neues Namensschild über seinem Mauseloch an:

J. Maus, Entdeckungsreisender.«

»Jaja«, piepste die Feldmaus. »Es ist wirklich eine klug ausgedachte Geschichte, aber es würgt einen nicht im Hals, wenn man sie hört. Und das ist doch das Schönste an einer Geschichte, wenn man dabei am liebsten schluchzen möchte. So eine Geschichte werde ich euch jetzt erzählen. Sie heißt: Die Feldmaus. Aber ich bin es nicht selbst.«

Der Erzähler, er war auch ein Mäuserich, schwieg einen Augenblick und begann dann:

Die Feldmaus 

Eine Feldmaus lebte in einer einsamen Wiese unter einem Dornbusch. Tagsüber piepste sie da und dort zwischen den Halmen und sprang raschelnd umher. Nachts schaute sie den Mond an, und dann flogen die Käuze flügelschlagend über sie hin, und ihre Schreie klangen klagend aus der Finsternis; aber die Eulen machten kein Geschrei. Der Mond auch nicht. Der schob sich die ganze Nacht weiter über den Himmel hin und sagte kein Wort, obwohl er sicherlich viel zu sagen gehabt hätte.

Auf diese Weise schlief die Feldmaus niemals bei Vollmond.

Eines Nachts wurde sie von einem geheimnisvollen Uhu gepackt und mitgenommen. Zum letzten Male sah sie den Mond, und zwar auf den Kopf gestellt, zum letzten Male ihre Wiese und ihren Dornbusch. ›Warum winkt er mir nicht Lebewohl?‹ dachte die Maus. ›Nicht einmal mit einem einzigen Zweig?‹

Dann verschwand alles und ihre Gedanken darüber auch. Aus war es mit ihrer Welt.«

»So«, sagte die Stadtmaus und schob die Feldmaus beiseite. »Das sind die einzigen zwei Geschichten, die du weißt. Du hörst nicht so viel auf dem Feld. Aber in der Stadt, wo ich wohne, hört man um so mehr. So habe ich einmal eine Geschichte gehört, die ein Großpapa einem kleinen Mädchen erzählte, während ich in meinem Loch hinterm Ofen saß und zuhörte. Sie handelt von einem Regentropfen und begann so:

Der Regentropfen 

Der Regen von gestern schaut genauso aus wie der Regen von heute, aber es sind nicht dieselben Tropfen. Als Kaiser Konstantin einmal auszog, um zu jagen, und sich zum Schutz vor dem Regen unter einen Eichbaum stellen mußte, fiel ein Tropfen auf einen der untersten Zweige. Das war der Tropfen Sba. Sba versuchte, sich an dem grünen Blatt festzuhalten, aber er war so glatt, daß er abglitt und auf den Boden fiel. Er fiel in den Sand und konnte gerade noch schnell ein wenig umherschauen über die Erde, die er so gern etwas näher in Augenschein genommen hätte. Sba mußte fünfhundert Jahre in der Erde sitzen, und darüber war er so wütend, daß er immerfort schrie: ›Ich halte es nicht länger aus!‹ Schließlich war er so tief gesunken, daß er ins Grundwasser geriet und zu einer Quelle schwimmen konnte. Er wurde nach oben getragen, gelangte in einen Bach, dann in einen Fluß und schließlich ins Meer. Da waren so viele seiner Kameraden beisammen, daß Sba ganz nach unten gedrückt wurde und einen Platz auf dem Meeresgrund bekam. Da blieb er auch fünfhundert Jahre und schrie wieder unentwegt: ›Ich halte es nicht länger aus!‹ Doch inzwischen war er in eine Auster hineingerutscht; die holte ein Taucher herauf. Sba konnte noch rechtzeitig herausspringen und fiel auf die Oberfläche des Meeres. Jetzt begann für ihn eine Reise mit den Wellen über alle Ozeane und durch viele, viele Meeresstraßen. Schaut einmal auf die Karte: überall, wo es blau ist, da ist Sba gewesen, aber nirgends, wo es grün oder gelb ist. Und das war eigentlich gerade das, was er so gerne wollte: die Erde sehen.

Eines Tages wurde Sba von einem Matrosen in einem Eimer gefangen und auf das Deck geschüttet. Da lag er, platt hingedrückt in der warmen Sonne. Jetzt konnte er sich nicht mehr zusammenhalten; er wurde Dampf und flog hinauf zu den Wolken. Der Wind brachte ihn dahin und trieb die Wolken nach dem Land, wo sie sich neulich leer geregnet haben. Das ist noch gar nicht lange her, und der erste Tropfen, der dir auf die Nase fiel, war Sba. Aber du hast ihn von deiner Nase gewischt. Da fiel er auf den Boden und sank in den Grund, und er hatte beinahe keine Zeit, die Erde anzuschauen, genauso wie damals bei Kaiser Konstantin. Jetzt sitzt er wieder drinnen in der Erde und muß wieder ein paar hundert Jahre warten.«

Die Stadtmaus schwieg, aber die Feldmaus seufzte und sagte: »Jetzt sollte eigentlich noch ein Liedchen folgen als Abschluß unserer Darbietung. Das singt sonst immer ein guter Freund von uns, Hausknecht Maus, der mittut, wenn wir auftreten. Er weiß ein so schönes Lied und singt es sehr gefühlvoll nach seiner eigenen Melodie. Aber er wollte diesmal nicht mitkommen, denn sein Herr,

Hänschen Knabbel, kann ihn nicht so lang entbehren. Er hat uns aufgetragen, Euch, Herr König, schön zu grüßen.«

Die Feldmaus schwieg einen Augenblick, dann sagte sie zur Stadtmaus:

»Sollen wir nicht doch unser Mäuseduett versuchen?«

»Mir ist's recht«, antwortete die Stadtmaus.

Die beiden nahmen einander beim Pfötchen, suchten summend den richtigen Ton, machten zwei Hüpfschritte und piepsten zweistimmig:

»Ich und du,
du und ich.
Wer rief mich,
als ich schlief,
so tief?
Jemand rief:
Piep, piep,
Maus Miep!
Warst es du,
aus dem Schuh?«

»Aus!« rief die Feldmaus, »fertig!« die Stadtmaus. Und zum Schluß machten sie eine ganz tiefe Verbeugung.

Die Tiere beim Ofen trommelten mit ihren Schwänzen auf den Boden, um zu zeigen, daß sie die Erzählungen und das Lied der Mäuse schön gefunden hatten. »Aber es ist auch schön, daß es aus ist«, brummte der Wolf in seinen Bart. »Zu lang hätte dieses Gepiepse nicht dauern dürfen.«

Die Mäuse hörten das glücklicherweise nicht; sie schauten erwartungsvoll auf König Mansolein, um zu sehen, wie es ihm gefallen habe. Aber der König schwieg, in Gedanken versunken, und sah nicht auf. Da kletterten die Tierchen an seinem Bart empor und setzten sich jedes auf eines seiner Knie, die Feldmaus auf das linke, die Stadtmaus auf das rechte.

»Herr König«, piepsten sie ganz leise.

Da sprach König Mansolein: »Und ihr seid von so weit hergekommen, um mir Geschichten zu erzählen und mir vorzusingen?«

»Jawohl, Herr König«, antwortete die Stadtmaus.

»Teilweise sind wir auch gefahren«, plauderte die Feldmaus, »mitgefahren auf einem Leiterwagen.«

»Soso«, sagte Mansolein, »und Hausknecht Maus läßt mich grüßen?«

Er schien in weite Fernen zu blicken, und in seinen Augen schimmerte ein ganz neues Licht. »Ist er nicht mit gewesen bei der berühmten Tierexpedition in das Gebiet der Strunkmänner?«

»Ja, davon haben wir schon einmal gehört«, antworteten die Mäuse.

»Ach, das ist lange her«, seufzte der König. »Diese Geschichte würde ich gern noch einmal hören, aber es ist eine Geschichte für Menschen, wie auch die Geschichte von den Hobbitleuten nur für Menschen ist.«

Er schwieg lange still, und der Hase kam vorsichtig heran, um sein Herz abzuhorchen. Es klopfte langsam, aber doch regelmäßiger als am Morgen. Endlich sagte Mansolein: »Nun, ich danke euch, beste Mäuse, für eure Erzählungen und für das Lied. Es war herzerquickend. Schlaft gut, alle miteinander.«

»Wünschen wohl zu ruhen, Herr König«, sagten die Tiere leise und gingen auch zu Bett.

›Tja‹, dachte der Hase, ›müssen die Mäuse jetzt im Perlmuttersaal untergebracht werden?‹ Aber das wollten sie selbst nicht.

»Laß uns doch unterm Herd in der Küche schlafen«, piepsten sie.

»Gut«, sagte der Hase, »wenn ihr nur nicht nascht.«

Das versprachen sie auch, und bald lag die Kupferne Burg in tiefer Ruhe, während mehr als hundert Meilen weit weg im hohen Norden der Wunderdoktor den Weg suchte, der zwischen den Schwarzföhren zu dem versteckten Platz führte, wo das Schlüsselkraut wuchs. »Oh«, seufzte er, als ihm die erste eisig-kalte Schneeflocke auf die Nase fiel.

Elftes Kapitel

Am nächsten Morgen, dem elften Tag, seit der Wunderdoktor aufgebrochen war, um das Schlüsselkraut für das Herz des tausendjährigen Königs Mansolein zu holen, stand dieser nicht auf. Die Tiere saßen schweigend beim Frühstück in der Küche. Die zwei Mäuse, die ein fröhliches Liedchen anstimmen wollten, blieben schon bei der dritten Note stecken. Der Drache ließ zwei Teller Haferbrei stehen. Der Wolf schob seinen Stuhl zurück und biß an seinen Klauen. Das Kaninchen starrte bekümmert auf seinen Teller. Das Eichhörnchen saß mit prall gefüllten Wangen da und vergaß zu kauen. Das Schaf hatte sich umgedreht und stand mit der Nase zur Wand, während die Ente düster den Kopf hin und her wiegte. Die zehn Hummeln saßen still um die Zuckerschale, und der Hase band sich schweigend ein kariertes Tuch vor, um das Geschirr zu waschen.

An diesem Tag wurde kein Saal in der Burg geöffnet, denn der König blieb den ganzen Tag im Bett. Er wollte niemand sehen und nichts essen. Erst spät, als die Tiere alle beschlossen hatten, gar nicht in den Thronsaal zu gehen, ließ der König das Schaf rufen. »Trag mich zum Thron«, sprach er. »Noch einmal will ich auf ihm sitzen.«

Das Schaf gehorchte sogleich. ›Der König wird sterben‹, dachte es. ›Wir müssen alle um ihn sein.‹ Der Hase aber wollte zuerst Feuer im Kamin machen, denn es war kalt. Er bat den Drachen, Flammen hineinzublasen, und der Drache bog schon einen seiner Köpfe zur Ofentür, als er innehielt, denn im Schornstein ließ sich ein Geräusch vernehmen.

»Hallo«, schnaubte er hinauf.

»Hallo«, piepte ein Stimmchen zur Antwort, und auf einmal flatterte ein Vogel durch den Rauchfang herunter.

Es war eine Schwalbe.

»Habt ihr denn niemand, um das Tor zu öffnen?« fragte der Vogel. »Ich habe daran gepickt und gehämmert, ich habe durch den Briefkasten geflötet. Aber fest zu ist es geblieben.«

»Wer ist da?« fragte König Mansolein müde.

»Eine Schwalbe, Majestät«, antwortete der Hase. »Ich glaube, daß sie eine Geschichte zu erzählen hat.«

»Und was für eine!« schmetterte die Schwalbe. »Wunderbare Geschichten wissen wir, denn wir kommen überall herum. Wir fliegen über die höchsten Berge und über die weitesten Meere. Dinge, die niemand für möglich hält, sehen wir geschehen. Darum bin ich gekommen, um euch heute abend die allerwunderbarste Geschichte zu erzählen, die wir Schwalben kennen. Es ist die Geschichte von der Tochter des Zauberers.«

In den Augen des Königs leuchtete es ein wenig auf, er

lehnte sich behaglicher in seinem Thron zurück. »Von der habe ich noch nie etwas gehört«, sagte er. »Erzähl sie uns, Schwalbe, wir lauschen.«

Nachdem das Feuer im Kamin entfacht war und alle Tiere sich ruhig niedergelegt hatten, begann die Schwalbe.

Die Erzählung  *der Schwalbe*

Der Zauberer Treig war ein gutmütiger Mann. Er wohnte in einer alten Burg mit einem hohen Turm, wo eine Schwalbe nistete. Es ist die, von der ich die Geschichte habe.

Sonst waren noch ein Gärtnerbursche da, eine alte Dienstmagd und dann seine Tochter. Die hieß Hakslagon und war sehr verwöhnt, denn ihr Vater zauberte ihr alles, was sie haben wollte.

Als Hakslagon drei Jahre alt war, wollte sie eine Puppe haben, und da lag sie auch schon vor ihr. Dann wünschte sie sich ein rotes Mützchen dazu und ein rosa Jäckchen und grüne Hosen und gelbe Strümpfe und braune Schuhe. Und im selben Augenblick war alles da. Aber es paßte nicht gut zusammen, fand sie, und darum wünschte sie sich jetzt eine andere Puppe mit einem gelben Mützchen, einem schwarzen Jäckchen, roten Hosen und Sandalen. Einen Tag lang spielte sie damit. Am nächsten Tag wollte sie eine Puppe mit einem orangefarbenen Jäckchen und bloßen Füßen haben und am Mittag eine mit lila Schuhen und blauem Haar. Nach drei Tagen hatte sie hundert Puppen mit wohl tausend verschiedenfarbigen Kleidern und Schuhen. Die saßen alle nebeneinander und rührten sich nicht, denn Hakslagon schaute sie nicht mehr an. Sie hatte jetzt einen Ballon, mit dem sie spielte.

»Hurra!« schrie sie und ließ ihn wegfliegen und wünschte sich einen andern. Das tat sie zehnmal, nur zum Spaß, weil ja doch immer ein neuer kam. Dann wollte sie einen ganz großen mit ihrem Namen darauf, dann einen in der Form einer Maus, und schließlich wollte sie 396 zugleich.

Es dauerte zwei Tage, bis sie gezählt hatte, ob es auch wirklich 396 waren, und dann noch zwei Tage, um die Ballons einen nach dem andern wegfliegen zu lassen.

»Jetzt will ich 85263!« rief Hakslagon, und im selben Augenblick erstickte sie beinahe, denn das ganze Zimmer war so voll von Ballons, daß sie nicht mehr atmen konnte. Ihre Nase wurde beinahe plattgedrückt. »Vater!« schrie sie. »Hilf!« Aber ihr Vater hörte sie nicht, denn ihre Stimme war durch den Gummi der Bälle gedämpft. Sie war schon halb ohnmächtig, weil sie von allen Seiten zusammengedrückt wurde.

Zum Glück kam in diesem Augenblick die alte Dienstmagd herein. Ihr Gesicht hatte Runzeln und Falten, die größer waren als ihre Nase, aber das sah man fast nie, weil sie vor Alter ganz gekrümmt ging. Um geradeaus schauen zu können, mußte sie sich niedersetzen, und den blauen Himmel hatte sie schon lange nicht mehr gesehen.

»Liebes Kind, was hast du denn da gemacht?« rief die Alte erschrocken, als sie auf alle die Bälle stieß, die sich in der Luft drängten. Sie nahm eine Nadel und stach in die

Bälle hinein, daß sie in sich zusammensanken. »Aber Hakslagon, du darfst dir doch nicht so verrückte Dinge wünschen«, sagte sie und wiegte das arme Mädchen, das schon vor Schreck schluchzte, in ihren Armen.

Hakslagon hat sich jahrelang nichts mehr zu wünschen getraut; aber als sie zwölf Jahre alt war, bat sie um ein Pferd. Das hatte eine seidenweiche Nase, ein dunkles Fell und einen schwarzen Schweif. Sie sprang sofort darauf und ritt weg, klak-klak, klak-klak über die Straßen und ins Feld hinein.

»Da reitet die Tochter des Zauberers«, riefen die Dorfkinder, als sie sie kommen sahen. »Dürfen wir mitreiten?« Hakslagon nickte und nahm sie eins nach dem andern hinter sich aufs Pferd. Dann spielte sie mit den Kindern Fangen und Verstecken und Räuber und Gendarm und hatte große Freude daran.

Am nächsten Tag lud sie alle Kinder zu sich nach Hause ein. Sie zeigte ihnen alle ihre Puppen und alle ihre schönen Kleider; dann mußten sie sich um einen Tisch setzen, und jedes sollte sagen, was es haben wolle.

Eins wollte ein Glas rote Limonade, und im nächsten Augenblick stand es da. Das andere wollte gelbe Limonade mit einem Röhrchen drin, und schwups war sie auf dem Tisch. Ein drittes wünschte sich ein großes Stück Sahnetorte, ein viertes recht, recht viel Schlagobers, ein fünftes einen Schokoladeelefanten und ein sechstes einen Berg süßen Reisbrei, und immer war der Wunsch augenblicklich erfüllt. Sie aßen, bis sie nicht mehr konnten. Dann sagte Hakslagon, daß jedes noch einen Wunsch tun dürfe, aber da müßten sie warten, bis ihr Vater käme.

Nach einer Weile öffnete sich die Türe, und der Zauberer Treig kam herein. Er hatte eine spitze schwarze Mütze auf dem Kopf, mit einem grünen Band darum; weiße Haare standen struppig darunter hervor, und seine Nase war so schmal wie ein Messer.

»So, Kinderchen«, sagte er mit einer kakelnden Stimme. »Wollt ihr jedes was Schönes haben?« Aber die Kinder blieben stumm und schauten mit ängstlichen Augen auf seine schwarzen Zähne. »Na also, los!« fuhr er fort, und eine schneeweiße Hand kam aus seinem Mantel zum Vorschein.

Ein vierzehnjähriger Bub begann stotternd: »Ich – ich hätte gerne ein Kaninchen.« Er war mit dem Satz noch nicht zu Ende, da lag schon eins in seinen Armen, warm hineingekuschelt, die langen Ohren flach an den Rücken gelegt.

Da faßten die andern auch Mut und begannen Wünsche auszusprechen: »Ich möchte eine kleine Ziege!« rief ein kleines Mädchen, und plötzlich stand ein meckerndes Geißlein da.

»Ich will einen großen Drachen mit hundert Meter Bindfaden daran!« rief ein Bub, und da lag das Gewünschte vor ihm.

»Ich will einen Wagen!« rief ein anderer.

»Ich will einen großen Sack Murmeln!«

»Ich will ein Gewehr!«

»Ich ein ganz großes Haus!«

»Ich ein Schloß!«

Es entstand ein ohrenbetäubendes Getöse, denn alle Dinge kamen zugleich daher, aber das Haus und das

Schloß waren so furchtbar groß, daß die Kinder, die sich das gewünscht hatten, erschraken und sogleich riefen: »Nein, nein, ich will doch lieber kein Haus, sondern einen Reifen!«, und das andere: »Ich will lieber kein Schloß, sondern eine Schaukel.« Und es kamen immer noch mehr Dinge von den Kindern, die noch nicht an der Reihe gewesen waren. Eins wollte einen wirklichen Löwen, das andere einen Wasserfall, und ein Bub wünschte sich ein Schwesterchen.

Schließlich stand und lag und wirbelte alles um die Kinder herum, aber das Geißlein hatte Angst vor dem Löwen, der brüllend umherlief, und das Haus war auf den schönen Drachen gefallen, der Wasserfall spritzte alles an, und das arme Schwesterlein schluchzte herzzerreißend, weil es sein Brüderchen nicht kannte. Dann begannen die Kinder untereinander zu streiten, die Mädchen weinten, und die Buben warfen ihnen häßliche Schimpfworte zu.

Hakslagon sah das alles mit Entsetzen geschehen. Niemand kümmerte sich mehr um sie, niemand spielte mit ihr, und niemand war fröhlich. Sie verbarg ihr Gesicht in den Händen und lief zu ihrem Vater. »Zaubere sie alle weg!« rief sie. »Bitte, zaubere alles und alle weg, ganz weg! Ich will sie nicht mehr sehen!« Und sie weinte bitterlich.

Als sie sich ausgeweint hatte, waren die Kinder und alles weg, nur die alte Dienstmagd stand da. Sie schüttelte den Kopf und sagte: »Hakslagon, Hakslagon, was hast du dir denn da wieder gewünscht!«

Es dauerte lange, ehe Hakslagon wieder wagte, sich etwas von ihrem Vater zu wünschen. Sie war einundzwanzig Jahre alt, als sie es wieder tat. Sie wünschte sich einen Mann, und im selben Augenblick saß er lesend ihr gegenüber am Kamin.

»Ach, was für ein langweiliger Geselle!« rief sie gähnend und wünschte ihn wieder weg.

»Ich will einen Prinzen, der kommt, um mich zu freien!« rief sie, und da lag auch schon einer vor ihr auf den Knien und küßte ihre Hand. Er hatte schwarze Lokken und trug eine weiße Hose.

»Von wo kommst du?« fragte Hakslagon.

Der Prinz blickte auf und schien tief nachzudenken. »Ich weiß es nicht«, antwortete er, »aber ich liebe dich so sehr.«

»Du weißt nicht, woher du kommst?« fragte Hakslagon verwundert. »Wie kommst du denn dann hierher?«

»Ich weiß es nicht«, sagte er, »aber ich liebe dich so schrecklich.«

»Hast du denn keinen Vater, der über ein großes Reich herrscht, dessen Königin ich später werden soll?«

»Ich weiß es nicht«, antwortete der Prinz wieder, »aber was macht das, wenn ich dich, oh, so sehr liebe!«

Hakslagon wurde traurig. Was hatte sie von einem Zauberprinzen, der plötzlich da war und nichts besaß. Sie wünschte ihn wieder weg.

»Ich will einen wirklichen Mann!« schrie sie.

Zum erstenmal in ihrem Leben geschah nichts.

Zuerst war sie erstaunt, dann wurde sie wütend und lief zu ihrem Vater, aber der schüttelte den Kopf und sagte, daß er niemanden zaubern könne, der ganz wirklich wäre.

»Dann geh' ich ihn suchen«, erklärte Hakslagon. Sie wünschte sich ein neues Pferd, sagte ihrem Vater Lebewohl und zog in die weite Welt hinaus. Die alte Dienstmagd ging mit ihr.

Sieben Jahre durchwanderten sie alle Länder. Siebenhundert jungen Männern begegnete Hakslagon, aber keinen von ihnen wollte sie heiraten, und schließlich beschloß sie, in die alte Burg ihres Vaters, des Zauberers Treig, zurückzukehren.

Als sie nach der langen Reise durch das Gartentor eintritt, zog die alte Dienstmagd sie am Ärmel und zeigte in den Blumengarten, wo der Gärtnerbursche Unkraut jätete.

»Ach«, sagte Hakslagon, »da ist ja der Mann, den ich

heiraten will. Er ist besser als die siebenhundert, die ich gesehen habe.«

Eine Woche später wurde die Hochzeit gefeiert. Treig zauberte die Hochzeitstorte, und die alte Dienerin steckte sich Blumen ins Haar, und die Schwalbe saß auf dem Fenster und sah zu.

Hakslagon war sehr glücklich mit ihrem wirklichen Mann. Sie hat ihn nie mehr weggewünscht.

Als die Schwalbe ihre Erzählung beendet hatte, verneigte sie sich tief vor König Mansolein und sprach: »Erlaubt Ihr mir, Herr König, ein paar Tage hierzubleiben, bevor ich weiterziehe nach dem Süden?«

Der König nickte. »Gewiß, das erlaube ich. Ich danke dir für deine Erzählung. Hase, zeig der Schwalbe den höchsten Punkt in meiner Burg, die Mauernische neben dem Turmzimmer. Da kann sie bleiben.«

»Danke, Herr König«, sagte die Schwalbe, und dann sagten alle Tiere »Danke« und »Gute Nacht« und verbeugten sich vor dem König und auch voreinander, sogar der Drache mit seinen drei Köpfen. Dann gingen sie in Stillschweigen aus dem Saal, jedes auf seinen Platz, nur das Schaf trug zuerst den König behutsam auf seinem Rücken zu Bett, und der Hase fragte noch die Schwalbe: »Du fliegst so schnell, wie lang ist es her, daß der Wunderdoktor dich geschickt hat?«

»Drei Tage«, antwortete die Schwalbe.

»Wo war er damals?«

»Im kahlen Gebirge des Nordens. Er war in eine Schlucht geraten. Ich habe ihm den Weg heraus gezeigt, aber er hatte schon zwei Tage Zeit verloren.«

»Dann wird es zu spät sein, wenn er wiederkommt«, murmelte der Hase und wischte mit der Pfote über seine Wange.

Diese Nacht wachte er an dem Bett des Königs mit dem Ohr unter dessen Bart, um auf den Herzschlag zu horchen.

Würde der Wunderdoktor wohl noch rechtzeitig kommen? In diesem Augenblick hatte er den Ort erreicht, wo das Schlüsselkraut wuchs, aber es lag viel Schnee an der Stelle, und er mußte ihn mit den Händen wegkratzen, um die Pflänzchen zu finden. Vielleicht waren sie alle erfroren ...

Zwölftes Kapitel

Am Morgen des zwölften Tages schien die Sonne so fröhlich auf die Töpfe und Pfannen in der Küche, daß die kupfernen Wände von dem Widerschein blitzten und funkelten. Im Herd brannte ein tüchtiges Feuer, und der Haferbrei brutzelte, daß es nur so spritzte.

Da schlug der Löwe plötzlich mit seiner Pranke auf den Frühstückstisch: »Zum Teufel noch einmal. Jetzt muß Schluß sein mit dieser Jammerstimmung! Solang der König lebt, müssen wir ihn aufheitern. Wenn er auch im Bett bleibt, deshalb können wir ihm doch ein Vergnügen bereiten. Was sagt ihr dazu? Wer hat eine Idee?«

»Ein Konzert wäre hübsch«, meinte die Feldmaus. »Gibt es keine Trompeten oder Leierkästen in der Burg?«

»Wart einmal!« rief der Hase. »Meine Ziehharmonika!« Er sprang weg und kam eine Minute später mit einer Ziehharmonika zurück, die schon jahrelang in einer Rumpelkammer gelegen hatte.

»Sapristi«, brummte der Wolf in seinen Bart. »Jetzt werden wir sicher noch im Chor singen müssen wie die Hummeln.«

Der Hase hatte sich auf den Küchenhocker gesetzt und probierte, ob er noch spielen könne. Er versuchte die Wei-wei-wei- und die Drom-drom-Melodie.

Die Ente fiel ein, die Hummeln summten den Baß, und die zwei Mäuse bliesen dazu auf einem Schilfrohr. Es klang sehr schön. König Mansolein würde sicher fröhlich davon werden. Die Tiere probten den ganzen Vormittag, während der König noch schlief, bis sie eine schöne Vorstellung eingeübt hatten. Zu Mittag nahmen sie rings um das Krankenbett des Königs Aufstellung, mit Ausnahme des Kaninchens, denn das mußte auf das Eingangstor aufpassen, für den Fall, daß jemand pochen sollte. »Majestät«, sagte der Hase, »jetzt kommt etwas Heiteres. Eins, zwei, drei!«, und die zwei Mäuse begannen auf ihren Schilfrohrflöten zu blasen: Ri-ri-tri-tri-bli-bli. Der Hase nahm die Ziehharmonika, spannte sie über seinen Bauch, so weit er konnte, und ließ die schönsten Töne zugleich erklingen, während er sie wieder zusammendrückte, der Löwe zupfte die Gardinenschnur, die Ente und das Schaf machten quak-quak und mäh-mäh, das Eichhörnchen klingelte mit einem Glöckchen, und der Drache schlug mit seinem Schwanz den Takt. Die Schwalbe sang ein Lied dazu, und der Wolf, der nur falsch singen konnte und daher nicht mittun wollte, hielt das Notenheft:

»Der Wald ist grün, das Meer ist blau,
bli-bli, mäh-mäh, quak-quak, bau-bau.
Der Mond ist bleich, der Schnee ist weiß,
die Sonne scheint, der Sand ist heiß.

Wir singen ri-ri, tri-tri, quak-quak,
wir singen und spielen unter des Königs Dach.
Es klingelt und tingelt und klingt so fein:
wir singen für König Mansolein.«

Der alte König richtete sich ein wenig auf und blickte aus seinem Bett auf die Tiere: »Das ist ja wie in alter Zeit bei den großen Festen im Perlmuttersaal«, murmelte er, und ein Lächeln erschien auf seinem Gesicht, das dadurch viele neue Fältchen und Runzeln bekam.

Der Hase bemerkte es und ließ seine Ziehharmonika immer fröhlicher aus-ein-aus-ein-aus-ein. Dann begannen die Mäuse beim Blasen zu hüpfen, der Käfer zirpte mit, und das Schaf war im Begriff, die ersten Tanzschritte zu tun. Es wäre ein viel zu lärmendes Fest geworden, das dem alten König gar nicht gutgetan hätte, wäre nicht plötzlich die Türe aufgegangen und das Kaninchen hereingesprungen mit dem Ruf: »Schaut her!« Da stand ein Esel mit gesenktem Kopf und umgeknickten Ohren. Alle Tiere hörten mit dem Musizieren auf; es wurde totenstill.

»Ich hätte ... ich dachte ... ich würde ... ich wollte ... ich sollte eigentlich«, begann der neue Besucher, während er mit einem Vorderfuß den Boden kratzte, »ich hätte eigentlich eine Geschichte zu erzählen, aber ich bin ein armer Esel und ...«

»So«, sagte der Hase, »du bist ein armer Esel und kommst, um dem König eine Geschichte zu erzählen?«

Das Grautier nickte, daß seine langen Ohren auf und nieder klappten. Dann blickte er auf die Tiere, die im Kreis herumstanden, und auf das Bett, aus dem Mansoleins Bart bis auf den Boden herabhing, und sagte nach einer Weile: »Aber … aber das ist gewiß nicht mehr nötig?«

»Doch, doch!« rief der Hase. »Hier ist der König.«

Mansolein streckte seine Hand aus und kraulte den armen Esel auf seinem gesenkten Kopf. Dann sprach er: »Deine Geschichte will ich gerne hören, aber erst am Abend, hier bei meinem Bett. Jetzt will ich noch ein wenig schlafen.«

Am Abend aß der arme Esel in der Küche mit. Er saß zwischen dem Wolf und dem Löwen und knabberte an dem Hefekuchen, den der Hase extra für ihn gebacken hatte. Aber als das Schaf ihn fragte, woher er komme, gab er keine Antwort. Vielleicht sollten sie in seiner Erzählung etwas hierüber zu hören bekommen.

Nach dem Essen zündete der Hase noch ein paar Kerzen mehr im Schlafzimmer an, der Löwe schüttelte die Kissen auf, damit der König sich ein wenig aufsetzen könne, der Drache rollte sich in einer Ecke zusammen, die andern Tiere setzten sich um das Bett herum, der Hase auf den herabhängenden Bart, und dann begann Langohr seine Erzählung.

Die Erzählung  *des armen Esels*

Früher mußte ich … ich hatte früher … ich sollte eigentlich … ich meine: ich hatte früher einen Hut. Das kam, weil ich bei einem armen Bauern arbeitete; der ließ mich den ganzen Tag um seinen Brunnen gehen, immer rundherum, an einer hölzernen Stange. Die Stange wand das Tau auf, und das Tau zog die Eimer mit Wasser aus dem Brunnen. Aber die Sonne schien immer so heiß auf meinen Kopf, daß alle meine Gedanken durcheinanderkamen, und dann ging ich auf einmal rückwärts, so daß das Wasser in den Brunnen zurückfiel.

Da bekam ich einen Hut. Einen gelben, aus Stroh, und der Bauer machte zwei Löcher hinein. Da steckte er meine zwei Ohren durch, so daß er nicht hinuntergeweht werden konnte. Jetzt störte mich die Sonne nicht mehr, und ich ging den ganzen Tag an der Stange, rundherum, rundherum, während das Wasser ss-ss-ss aus den Eimern floß. Nachts stand ich in der Scheune, und wenn ich schlief, gingen meine Träume auch immer rundherum im Kreis, aber sonntags durfte ich auf die Wiese, und da konnte ich ein Stück gradaus gehen.

Der Bauer kaufte eine Eselin, die abends auch in die Scheune kam. Sie hatte große Augen, so hell wie Mondsteine, und einmal sagte sie: »Du hast einen schönen Hut, darum will ich dich heiraten.«

Da war ich ganz glücklich, denn ich hatte nie gedacht, daß sie mich hübsch finden würde. Dann sagte sie, daß wir am Sonntag, wenn wir auf der Wiese wären, heiraten würden. Ich sagte ... ich dachte ... ich wollte ... ich meine ... ich sagte: »Ja, fein«, und die nächsten Tage mußte ich immer daran denken. Ich dachte: ›Vielleicht werden meine Träume jetzt nachts auch nicht mehr im Kreis gehen.‹ Das taten sie auch nicht, denn in dieser Nacht träumte ich schon von unserer Hochzeit. Die Lerchen sangen dabei, die Grillen spielten den

Hochzeitsmarsch, und ich gab ihr ein Büschel weißen Klee …

Aber an diesem Sonntag ließ uns der Bauer nicht beieinander auf der Wiese. Es war eine steinerne Mauer zwischen uns. Da begann die Eselin zu schreien: i-ah, i-ah, und sie rief: »Spring über die Mauer, Bräutigam mit dem gelben Hut, dann können wir heiraten!«

Ich nahm einen Anlauf und sprang. Aber ich hatte mich noch niemals so schnell von der Stelle bewegt. Der Wind sauste an meinem Kopf vorbei, meine Ohren klappten hintenüber, und auf einmal verlor ich den Hut. Als ich bei ihr ankam, schloß sie die Augen und sagte: »Ohne Hut mag ich dich nicht« und drehte sich um und lief weg.

»Aber ich dachte … ich habe doch … ich wollte … wir sollten doch … ich meine … ich werde meinen Hut wieder holen!« rief ich ihr nach.

Aber der Wind spielte mit ihm. Ich galoppierte hinterher, bis er in einem Gestrüpp hängenblieb. Ich schnappte danach, aber ein gemeiner Dorn stach mich in die Nase, und der Hut wurde vom Winde weitergeweht. »Hilf mir doch jetzt!« rief ich, aber meine Braut hörte mich nicht mehr, und ich rannte wieder hinter meinem Hut her. Der tanzte durch die Luft wie ein Schmetterling. Ich sprang und schnappte, aber es ging jedesmal daneben. Auf einmal stolperte ich über einen Stein und fiel hin, daß mir die Rippen krachten.

Als ich wieder aufstand, sah ich den Hut nirgends mehr, und als ich mich umsah, war auch meine Eselin verschwunden.

Ich lief weiter, um meinen Hut zu finden, denn ich wollte sie so schrecklich gerne heiraten. Ich lief mit dem Wind weiter, weiter, weiter und dachte: ›Gott sei Dank, daß ich nicht im Kreis laufen muß.‹ So kam ich zu einem Krähenfeld; die Krähen spielten mit meinem Hut.

»Hallo!« rief ich, »gebt her! Ich muß heiraten!«

Zwei Krähen nahmen ihn in ihren Schnabel. Sie kamen damit auf mich zu, aber flogen immer um meinen Kopf herum und riefen: »Nimm ihn! Nimm ihn!« Dann ließen sie den Hut fallen, aber drei andere fingen ihn auf und flogen damit ganz hoch durch die Luft. Ich sah ihnen nach und lief mit. Aber die übrigen Krähen flogen jetzt wieder um mich herum. Sie verhöhnten mich: »Kannst du nicht fliegen, du Esel? Da fliegt dein Hochzeitshut! Siehst du ihn noch? Schau lieber, wo du läufst!« In dem Augenblick rannte ich mit dem Kopf gegen eine steinerne Mauer, und die Krähen kreischten vor Lachen.

Als ich wieder hinaufschaute, sah ich, daß sie meinen Hut losgelassen hatten. Er kam herunter, vom Wind geschaukelt, und ich sprang sofort über die Mauer, um ihn zu fangen. Aber er blieb in den Zweigen eines Baumes hängen.

Die Krähen waren weggeflogen. Ich stand allein unter dem Baum und versuchte, ihn zu schütteln, indem ich mit meinem Kopf dagegen anrannte, aber der Baum war viel zu dick. Da legte ich mich unter den Baum, um zu warten, bis mein Hut heruntergeweht würde. Meine Beine waren müde, meine Knie zerschunden, meine Rippen taten mir weh, meine Nase juckte, und mein Kopf brummte.

So lag ich zwei Stunden und starrte auf den Hut, der über mir in den Zweigen hing, während meine Gedanken immer im Kreise gingen. Schließlich begann ich um den Baum herumzugehen, immer rundherum, rundherum wie um den Brunnen, aber der Hut kam nicht herunter.

Es wurde Abend, und der Wind legte sich. Die ganze kalte Nacht lag ich unter dem Baum und träumte von den Augen meiner Eselin.

Als ich am nächsten Morgen erwachte, lag der Hut vor meiner Nase. Zuerst dachte ich: ›Ich träume‹, dann sprang ich auf ihn drauf. ›Ich hab' ihn!‹ dachte ich, aber durch den Sprung waren meine Vorderfüße in die Ohrenlöcher geraten. Der Hut saß um meine Knie wie ein Beinkleid; ich konnte keinen Schritt tun, sonst wäre er zerrissen. Vorsichtig beugte ich meinen Kopf vornüber und versuchte, ihn herunterzuschieben, aber ich konnte nicht richtig an ihn herankommen und kriegte ihn nicht weiter als bis zu den Knöcheln. Dann legte ich mich nieder, rollte mich auf den Rücken und strampelte mit den Beinen. Krach! machte das Stroh. Los war der Hut. Er fiel auf den Boden, ein großer Riß war drin.

›Jetzt kann ich ihn endlich aufsetzen und damit zu meiner Eselin laufen‹, dachte ich. Ich steckte meinen Kopf hinein, aber der Hut blieb nicht auf ihm sitzen. Ich versuchte, meine Ohren durch die Löcher zu stecken, aber das ging auch nicht. ›Zuerst das eine Ohr hineinspießen‹, dacht' ich, ›dann das andere.‹ Aber ich habe solche Schlotterohren, die man nicht steif machen kann, und der Hut rutschte nur über den Boden, auf den Kopf bekam ich ihn nicht.

›Ich muß meine Nase darunterstecken‹, dacht' ich, und dann – schwups! Doch als ich das tat, wurde es auf einmal stockfinster, denn der Hut saß über meinen Augen. Ich schüttelte ihn ab, nahm ihn ins Maul, schleuderte ihn in die Luft und hielt meinen Kopf dorthin, wo er herunterfallen mußte. Daneben. Noch einmal. Wieder daneben. Noch einmal und noch einmal und noch einmal. Wie die goldene Sonnenscheibe flog der Hut jedesmal durch die Luft, und ich rannte herum, die Ohren so steif wie möglich aufgestellt, um ihn aufzufangen. Einmal fiel er mir auf die Nase, einmal auf den Rücken, fünfmal auf den Boden rechts von mir, siebenmal auf den Boden links von mir, dreimal hinter mich, sechsmal vor mich und das vierundzwanzigste Mal auf meinen Kopf.

›Jetzt hab' ich ihn auf dem Kopf‹, dacht' ich, ›jetzt kann ich heiraten.‹ Aber er saß sehr wacklig oben, denn meine Ohren steckten nicht in den Löchern. Beim ersten Windstoß würde er hinunterfliegen.

Ganz vorsichtig begann ich zu gehen, zurück zu der Wiese, denn ich sehnte mich sehr nach meiner Eselin. Ich hielt meinen Kopf so ruhig wie möglich und machte einen großen Umweg, um nicht über die steinerne Mauer springen zu müssen. Schritt für Schritt ging ich den ganzen langen Weg. ›Vielleicht wird sie mir helfen, ihn gut und fest aufzusetzen‹, dachte ich unterwegs. ›Wie werden ihre großen Augen glänzen, wenn sie mich kommen sieht, wenn sie sieht, daß ich den Hochzeitshut wieder aufhabe.‹

Als ich endlich zur Wiese kam, sah ich sie dort schon stehen. »I-ah!« schrie ich, aber sie hörte mich nicht. Ich überquerte den Weg und schrie noch lauter: »I-ah!«, so daß sie es hörte und aufsah. Dadurch achtete ich nicht auf den niedrigen Ast, unter dem ich durchging. Mein Hut stieß an und fiel herunter. Er rollte über den Weg, immer weiter und weiter, denn der Weg ging bergab, und da kam ein Bettler dahergetrottet, der ihn erwischte und aufsetzte.

»Wo ist jetzt dein Hut?« fragte meine Eselin, aber ich wußte nicht, was ich ihr sagen sollte.

Ich lief auf den Bettler zu und wollte ihm den Hut vom Kopf schnappen, aber er packte mich, sprang auf meinen Rücken und zwang mich, weiterzugehen, während er, mit meinem Hut auf seinem Kopf, auf mir saß. Als wir an der Wiese vorbeikamen, schaute ich noch einmal nach meiner Eselin und ihren großen Augen aus. Sie graste schon wieder in aller Ruhe. »I-ah!« schrie ich zum letztenmal, aber sie antwortete nichts darauf.

Ein Jahr ritt der Bettler mit mir im Land umher. Dann hat er mich weggejagt, aber meinen Hut behalten. Da dacht' ich … da wollte ich … da hab' ich einen andern Hut gesucht, aber ich habe keinen mehr finden können. Ich suche eigentlich immer noch, denn sobald ich einen neuen Hut habe, wieder so einen großen, gelben, dann werde ich doch … dann heirate ich doch.

Der arme Esel schwieg. Es war totenstill im Zimmer. Nur der lange weiße Bart König Mansoleins bewegte sich ganz leicht auf und nieder. Der König schien zu schlafen. Hatte er wohl die ganze Geschichte gehört? Der Hase wagte nicht, an seinem Herzen zu horchen, und bedeutete den Tieren, sie sollten ganz leise das Schlafzimmer verlassen..

Auf den Zehen schlichen sie zur Tür hinaus, aber sobald sie im Gang waren, sagte die Feldmaus zum armen Esel: »Es war zwar eine lustige Geschichte, von deinem Hut, aber sie hat doch ein trauriges Ende.«

»Ssst!« machte der Hase. »Der König wacht sonst wieder auf, und das ist nicht gut für ihn. Alle müßt ihr jetzt schlafen gehen. Gute Nacht.«

Mäuschenstill begaben sich die Tiere auf ihre Schlafplätze: der Wolf ins Gästezimmer, das Eichhörnchen in den gläsernen Saal, wo es sich zwischen die Geranien kuschelte, das Kaninchen in den Saal mit den Büchern, die Ente in den Liliensaal, das Schaf in den Kleesaal (der Käfer ging mit, denn der saß ja im Fell des Schafs), der Löwe stieg in das Turmzimmer hinauf, die zehn Hummeln flogen leise brummend in den Gartensaal, der Drache tappte in die kupfernen Stallungen, die Mäuse schlüpften in die Küche unter den Herd, die Schwalbe schwang sich hinauf in die Mauernische hoch oben, und der arme Esel ... ja der arme Esel mußte in die Waschküche. Der Hase führte ihn hin. Aber so einen schönen Stall hatte das Tier noch nie gehabt, bekam der gute Hase zu hören.

Bald lagen alle in der Kupfernen Burg in tiefem Schlaf, nur der Hase nicht. Der starrte im Dunkeln vor sich hin und grübelte und grübelte, wann der Wunderdoktor wohl kommen würde.

Der Hase wußte nicht, daß der Wunderdoktor das Schlüsselkraut schon gefunden hatte! Zwölf grüne Blättchen hatte er unter dem Schnee gepflückt. Er trug sie in den hohlen Händen und blies darauf, wegen der eisigen Kälte, während er durch den schwarzen Föhrenwald zurückeilte. Aber er mußte noch über die Berge, und wie viele Tage ihn das kosten würde, das wußte er nicht ...

Dreizehntes Kapitel

Als König Mansolein am dreizehnten Morgen erwachte, war sein Antlitz weiß wie Wachs. Er konnte nur mehr flüstern, und nachdem der Hase sein Ohr unter den Bart gesteckt hatte, um auf den Herzschlag zu horchen, mußte er es an die Lippen des Königs legen, um ihn zu verstehen.

»Treuer Hase«, hörte das Tier ihn flüstern. »Bring mich heute in den Perlmuttersaal. Dort will ich sterben.«

Auf diese traurige Nachricht hin beschlossen die Tiere, nicht zu frühstücken, sondern den König sogleich dahin zu tragen.

Das Schaf nahm ihn auf den Rücken, der Löwe stützte ihn rechts, der Wolf links, der Drache von hinten, und die zwei Mäuse liefen voran. So bewegte sich der Zug ganz langsam durch den kupfernen Gang in den Perlmuttersaal, wo der König mit zwanzig Kissen in den großen Lehnstuhl gesetzt wurde.

Niemand wagte ein Wort zu sprechen oder auch nur ein Geräusch zu machen. Der Hase hatte sich auf die rechte Armlehne gesetzt und seine Vorderpfoten auf die

Schultern des Königs gelegt, um alles, was er noch sagen würde, zu verstehen. Der Drache stand hinter dem Lehnstuhl und hielt seine drei Köpfe wie ein Dach über das Haupt des Königs. Die Mäuse saßen auf der äußersten Spitze des Bartes, und die übrigen Tiere bildeten eine lange Reihe, bis an die Tür, wo der Wolf lag. So warteten sie stundenlang, während der Hase von Zeit zu Zeit flüsternd weitergab, was er den König murmeln hörte.

»Vor langer, langer Zeit«, so lauteten die Worte, die unter den Tieren die Runde machten, »noch vor der Zeit, von der in meinen alten Büchern zu lesen steht, den Büchern, die unter meinem Standbild im andern Saal liegen, in der Zeit, bevor ich König war, als die Welt noch anders aussah, da wurden Geschichten erzählt, die heute vergessen sind. Idur war es, der aus dem Feuerberg kam, aber wer weiß das noch? Vier Plätze sind leer unter meinem Standbild, und niemand weiß das.«

›Der König beginnt zu phantasieren‹, dachten die Tiere. Der Hase konnte kaum mehr den Herzschlag hören. Der Wunderdoktor würde zu spät kommen; selbst wenn er in diesem Augenblick zur Tür hereinträte, mit dem Schlüsselkraut in der Hand, würde nicht mehr Zeit genug sein, um den Trank daraus zu bereiten.

Es war totenstill im Perlmuttersaal, und in dieser Stille spitzte der Wolf auf einmal die Ohren. Er sagte etwas im Flüsterton zum Schaf, das neben ihm lag, und dieses gab die Worte weiter an das Eichhörnchen und dieses an den Löwen und der an die Schwalbe und die an den armen Esel und der an das Kaninchen und dieses an die Ente und die Ente an die Mäuse und diese an die Hummeln, und die summten es dem Hasen ins Ohr: »Es wird ans Tor geklopft.«

Wie ein Blitz sprang der Hase von der Armlehne herunter, schoß aus dem Saal hinaus, raste durch den Gang, prallte mit dem Kopf gegen das Eingangstor und riß es auf.

Da stand ein Zwerg. »Wie ... was ... hast du das Schlüsselkraut?« schrie er beinahe, und seine Stimme überschlug sich vor Aufregung.

»Keine Spur, ich habe kein Schlüsselkraut«, antwortete der Zwerg brummig. »Bring mich lieber zum König und halt deine Schnurrbarthaare still! Ich hab' etwas für ihn.«

Jetzt bemerkte der Hase erst, daß der Zwerg einen Sack auf dem Rücken trug. »Was ist da drin?« wollte er wissen, doch der Zwerg gab keine Antwort und ging mir nichts, dir nichts in den Gang hinein. Vor der Tür des Perlmuttersaals blieb er einen Augenblick stehen, zog seine schneeweißen Augenbrauen in die Höhe und musterte die lange Reihe von Tieren. Dann ging er auf den Thronsessel zu, nahm seine Mütze ab und verneigte sich vor dem König.

»Herr König«, sprach er mit einer tiefen Stimme, »ich bringe Euch zurück, was Idur Euch vor langer Zeit entführt hat.«

Beim Klang dieses Namens schlug König Mansolein die Augen auf. Es schien wieder Leben in ihn zurückzukehren, als er sah, wie der Zwerg sich bückte und aus dem Sack vier alte, vergilbte, zerlesene Bücher hervorholte. Ein Seufzer hob seinen langen weißen Bart, und die Tiere hörten ihn murmeln: »Die vier leeren Plätze!

Nun sind sie nicht mehr leer. Die ältesten Geschichten sind wieder da. Laß hören, Zwerg!«

Der Hase zupfte den Zwerg am Ärmel. »Der König ist sehr krank. Er kann nicht mehr lesen. Du mußt die Bücher vorlesen. Es ist vielleicht seine Rettung.«

Der Zwerg sah die Tiere an. Die nickten schweigend und nahmen alle im Kreis Platz, während der Hase einen Schemel für den Zwerg heranschob.

»Hm«, brummte das kleine Männchen noch einmal, »wenn ihr es alle hören wollt: es ist die Geschichte der Zwerge. Dann beginnen wir also mit dem ersten Buch.«

Er nahm das älteste der vier Bücher zur Hand, schlug es vorsichtig auf, legte es auf seine Knie und begann zu lesen.

Die vier alten Bücher

Das erste Buch: Die älteste Geschichte

Das Reich der Zwerge lag unter der Erde. Dort gruben sie nach Kupfer, Silber und Gold und schmiedeten daraus die schönsten Dinge im Feuer der Vulkane. Jedoch einer der Vulkane erlosch, und es entstand ein Streit unter den Goldschmieden, wer in den Feuerbergen, die noch in Tätigkeit waren, arbeiten dürfe. Da beschloß Idur mit hundertzwanzig Zwergen durch den ausgekühlten Berg nach oben zu klimmen und sich auf der Erde niederzulassen.

»Ihr werdet in den Strahlen der Sonne einschrumpfen«, prophezeite man ihnen, aber Idur nahm die zwölf schönsten Hämmer aus dem Zwergenreich und machte sich mit den Seinen auf den Weg.

Fünf Tage lang kletterten sie an dem schwarzgebrannten Gestein empor und erreichten den Rand des Kraters bei Nacht. »So einen Zierat haben sie da unten nicht«, sagte Idur zu seinen Zwergen und zeigte auf den Sternenhimmel. »Die goldenen Funkelsterne erzählen eine große Geschichte«, sprach er weiter. »Jede Nacht, das ganze Jahr hindurch, gehen sie ihre Bahn am Himmelsgewölbe rundum, der goldene Wagen im Norden, der silberne Schwan über unsern Häupten und der kupferne Löwe im Süden. Der Mond aber geht seinen eigenen Weg; manche behaupten, daß er im Sommer versuche, auf den Wagen zu springen, um mitzufahren, aber das wird ihm nicht gelingen. Die Sonne jagt ihn immer weg, jeden Morgen, wenn sie kommt; und am Ende des Sommers reitet er auf dem kupfernen Löwen, aber das könnt ihr nicht sehen.«

Die Zwerge saßen am Rande des Kraters und schauten unverwandt auf die Sterne, während Idur erzählte, und es wurde lichter und lichter, bis endlich die Sonne heraufkam wie eine runde Öffnung in einem glühenden Ofen. Da bekamen sie Angst, sie würden einschrumpfen, aber Idur hielt sie zurück und sagte, sie sollten lieber über den Berghang hinuntergehen und dort Schatten suchen.

So nahmen die Zwerge Besitz von dem Land rund um den toten Vulkan. Sie pflanzten Wälder, gruben Meere, säten Wiesen, und schließlich begannen sie mit den zwölf Hämmern Idurs auf die Steine zu klopfen und schöne Dinge daraus zu meißeln. Sie bauten auch eine Stadt am

Ufer des größten Meeres mit Zwergentürmen und Zwergentoren und nannten die Stadt Aradabar.

Viele, viele Jahre vergingen, ehe der Zwerg Goror aus dem unterirdischen Reich durch den Krater nach oben kletterte, um zu sehen, was aus Idur und den hundertzwanzig Zwergen geworden sei. Als er die Wälder und die Meere und dann noch die Stadt Aradabar sah, deren kunstvoll behauene Steine im Sonnenlicht funkelten, wurde er eifersüchtig. Er rannte den Berghang hinunter, und seine Fußstapfen waren gelb von Schwefel. Zwei Bäume riß er aus, warf sie ins Meer, raubte einen blauen Zierstein aus der Stadt und kletterte dann wieder zurück in sein eigenes Reich. Jedoch die Zwerge Idurs folgten seinen gelben Fußspuren durch den toten Vulkan hinab, holten ihren blauen Stein wieder und nahmen noch andere Goldschmiedearbeiten mit, die sie in ihrer Stadt festmeißelten.

Goror verlangte das Gold zurück. Er erschien mit zwanzig Zwergen am Rand des Kraters, aber Idur ging ihm mit fünfzig von den Seinen entgegen, und es entbrannte eine furchtbare Schlacht. Schwere Felsbrocken rollten donnernd den Berg hinab und zerschmetterten viele von denen, die an der Seite Idurs kämpften. Doch mit langen Stangen wurden die Zwerge Gorors einer nach dem anderen in das Loch des Kraters zurückgestoßen, so daß sie tot in ihr Reich hinabfielen. Da flüchtete Goror über die schwarzgebrannten Steine in die Tiefe, um ein größeres Heer zu sammeln, mit dem er die Zwerge draußen würde schlagen können: Jedoch Idur und die Seinen flochten ein Netz aus Golddraht, das sie über die Öffnung des Berges spannten, und als Goror wieder heraufkam, blieb er darin hängen wie ein Fisch und erstickte. Da wollte sein Zwergenheer nicht mehr kämpfen, und der Krieg war zu Ende.

Idur begrub seine Toten in einem Feld am Waldesrand; das Gras wurde dort niemals gemäht und wuchs so hoch wie Giraffenhälse.

Immer größer und prächtiger wurde die Stadt Aradabar. Die Zwerge bauten einen großen Regenbogen aus glitzernden roten, gelben, grünen, blauen und violetten Steinen darüber, der von weit her zu sehen war, wenn die Sonne darauf schien. Sie legten Springbrunnen an, deren Wasserstrahlen vom Wind zu Buchstaben geformt wurden, so daß man von den Taten der Zwerge lesen konnte, die sonst nur die Bäume flüsterten.

Da geschah es eines Tages, daß Schwefelrauch in drei großen Wolken aus dem Berg aufstieg, so daß Idur sich verwunderte und nachsehen ging, was das zu bedeuten habe. Das Netz lag noch dicht über der Öffnung des Berges und glänzte, als wäre es gestern erst geputzt worden, darunter aber saß ein Zwerg auf einem vorspringenden Stein.

»Großer Idur«, so sprach der Zwerg, »wir aus dem Innenreich wünschen friedlichen Verkehr mit Euch und Euren Zwergen aus dem Außenreich. Nemosi, der jetzt über uns herrscht, hat mich gesandt, um Euch zu ersuchen, das Netz wegzunehmen.«

Idur überlegte. »Nemosi möge morgen hierher kommen«, antwortete er dann, »und mir beweisen, daß sein Friedenswille ehrlich ist.«

Am nächsten Tag erschien Nemosi, ein Zwerg von stolzem Aussehen mit einem feuerroten Bart. »Sieh, großer Idur«, hub er an und zeigte diesem eine diamantene Säge, »dieses Werkzeug haben wir eigens verfertigt; damit kann das Netz aus Golddraht durchsägt werden.« Er setzte es in einer der Maschen an, und mit sieben Strichen war der Golddraht durchschnitten. »Sieh«, sprach er weiter, »ich übergebe dir diese Säge zum Beweis, daß wir nicht mit Gewalt in dein Reich eindringen wollen. Nimm sie hin.«

Er steckte die Säge durch das Loch des Netzes, und Idur nahm sie in Empfang. Es war ein Meisterwerk, wie es kein zweites gab. »Ist dies dein Werk?« fragte Idur. Der Zwerg mit dem feuerroten Bart nickte.

»Wohlan«, sprach Idur, »morgen um 12 Uhr, wenn die Sonne im Zenit steht und der steinerne Regenbogen über Aradabar funkelt, wird das Netz aufgehoben werden, damit du, Nemosi, und diejenigen von deinen Zwergen, die es wünschen, mein Reich betreten können.«

Damit beugte sich Idur über den Hals des Kraters, und die Zwergenfürsten des Außenreichs und des Innenreichs schüttelten einander die Hände zum Zeichen des Friedens.

Darauf ging Idur zurück, am Feld mit dem giraffenhohen Gras vorbei, in die Stadt Aradabar, um den Empfang der unterirdischen Zwerge vorzubereiten. – Ende des ersten Buches.

Vierundachtzig unterirdische Zwerge kamen mit Nemosi nach Aradabar. Ihr Einzug wurde mit viel Händeklatschen und Umarmungen gefeiert. Sie brachten Zierat aus Gold, Silber und Kupfer mit, sie küßten den blauen Stein, tauchten ihre Mützen in das Wasser des Meers und zogen durch die Straßen der Stadt, um zu schauen, wie alles verfertigt sei. Dann veranstalteten sie ein gemeinsames Festmahl und legten sich in einem großen Kreis schlafen.

Am nächsten Tag sprach Nemosi zu Idur: »Dein Reich ist schön, deine Stadt kunstvoll gebaut, aber die Augen aller blenden wird Aradabar erst mit unserm Gold, unserm Silber und Kupfer.«

Idur antwortete: »Laß uns *ein* Reich bilden, unter der Erde und über der Erde gemeinsam, und Arabadar soll die Stadt aller Zwerge sein, zu gleichen Teilen aus Stein und aus Gold, Silber und Kupfer.«

Von diesem Tag an regierten Idur und Nemosi das neue Reich der Zwerge gemeinsam. Sie ließen breite Treppen in den erloschenen Vulkan hauen, die einen Weg vom Innenreich ins Außenreich bildeten. Unzählige Zwerge sind im Laufe vieler, vieler Jahre auf ihm hinauf und hinunter gezogen, um die kostbaren Metalle heraufzuholen oder herrliche Steine von oben zu bringen.

Sie ließen einen schwarzen Schmelzkessel aufstellen, in dem Kupfer geschmolzen wurde, um Pflastersteine daraus zu schmieden.

Sie ließen einen silbernen Turm bauen, noch höher als den buntfarbig steinernen Regenbogen, und darauf wurde eine goldene Sonnenscheibe angebracht, die des Nachts das Mondlicht in tausend Funken zurückwarf.

Neue Meere wurden gegraben, größere Wälder gepflanzt und ganz Aradabar mit einer langen, goldenen Mauer umgeben. So gedieh das Zwergenreich ungezählte Jahre lang in Frieden und Glanz; die Schönheit des Landes zog die Aufmerksamkeit der Tiere auf sich. Sie versammelten sich allmählich an den Grenzen des Reichs: die Wölfe im Norden, die Löwen im Süden, die Kriechtiere im Osten und alles, was Flügel hatte, im Westen. Die Zwerge wollten ihr Reich mit goldenen Gittern umgeben, aber Idur und Nemosi ließen das nicht zu. »Laßt sie in Frieden kommen und mit uns leben«, sagten sie.

»Laßt jede Tiergattung einen Gesandten schicken, dann können wir ihnen Gebiete zum Wohnen anweisen.«

So kam es, daß Vierfüßer, Kriechtiere, Springtiere, fliegende, bellende, brüllende und muhende Tiere, langhalsige und langhaarige, wollhaarige und nackte nach Aradabar kamen, von jeder Art eines, und über die kupfernen Straßen zum silbernen Turm zogen, wo Idur und Nemosi sie empfingen. »Sieh«, sprachen die Zwerge zum Löwen, »das Gebiet Dur ist für dich und die Deinen«, und sie legten dem Löwen ein goldenes Halsband um den Nacken. »Sieh hier«, sagten sie zum Wolf, »die Ebene Erda ist für dich und die Deinen.« Und auch der Wolf erhielt ein goldenes Halsband. So bekamen alle Tiere ein Gebiet angewiesen und auch ein goldenes Halsband umgelegt, und sie dankten den zwei Zwergen. Dann gingen sie heim, holten ihre Artgenossen und lebten in Frieden in den Gebieten, die ihnen im Zwergenreich zugewiesen waren.

Nur das Schaf war vor den Zwergenfürsten stehengeblieben und sprach: »Meine Gefährten und ich haben noch jemand bei uns, einen Hirten, der uns gefolgt ist.«

»Was ist ein Hirt?« fragte Nemosi.

»Ein Mensch«, antwortete das Schaf. »Er ist noch jung.«

»Möge er kommen!« sprach Idur.

So trat ein Mensch in das Reich der Zwerge ein. Es war ein Knabe von kaum zwölf Jahren, der mit bloßen Füßen über die kupfernen Straßen Aradabars patschte. Er hatte weder Vater noch Mutter und wollte gerne bei den Zwergen in deren schönen Stadt bleiben.

In den folgenden Jahren stiegen die Zwerge immer wieder über die steinernen Treppen auf und ab, in den Berg und aus dem Berg, holten immer mehr Kupfer, Silber und Gold heraus, meißelten immer mehr Steine. Die Tiere lebten in den Wäldern und Feldern und an den Ufern der Meere, und der Knabe wurde in Zwergenweisheit unterwiesen, bis Idur und Nemosi sahen, daß er größer wurde als sie selbst.

Um diese Zeit kamen Himmelsdeuter und meldeten, daß der Sonnenbogen in die Erde zu sinken beginne.

»Drei Daumenlängen im Jahr sinkt die Sonne«, sagten sie, »ihr Schein wird schwächer, und die Wärme nimmt ab.« Unruhe darüber entstand zuerst bei den Tieren. Vögel begannen wegzuziehen, einzelne Vierfüßer folgten. »Im Süden ist es wärmer«, so wurde erzählt.

Idur bestieg den silbernen Turm und beobachtete in der Nacht die Sterne, so wie er es getan hatte, als er das erste Mal aus dem Berg gekommen war. Er sah, daß der kupferne Löwe sich weiter nach Süden begeben hatte, daß der silberne Schwan nicht mehr genau über seinem Kopfe flog und der goldene Sternenwagen höher am Himmel blieb als früher. Dann verschwanden die Sterne, denn es kamen Wolken, und zum ersten Male fiel Schnee im Reich der Zwerge und auf die funkelnde Stadt Aradabar.

»Kehren wir unter die Erde zurück, hier werden wir sterben in der weißen Kälte«, sprach Idur, und so begannen die Zwerge die goldene Mauer, die Zwergentürme, die Zwergentore und -häuser ihrer Stadt abzubrechen, und sie schleppten sie stückweise über die Treppen unter die Erde, um sie da wieder aufzubauen.

Als die Arbeit beinahe vollendet war und im Außenreich nur mehr der steinerne Regenbogen, der silberne Turm mit der goldenen Sonne und die kupfergepflasterten Straßen übrig waren, kam der schreckliche Schneefall.

Nemosi und der größte Teil des Zwergenvolkes befanden sich im Innenreich. Idur war draußen. Mit siebzehn noch übrigen Zwergen und dem Knaben erstieg er den erkalteten Feuerberg, als der wirbelnde Schnee sie plötzlich einhüllte. Sie sahen ihre Hand nicht mehr vor Augen, die steinerne Treppe verschwand vor ihren Füßen. Sie glitten aus, fielen hin und mußten zurückweichen, während riesige Schneemassen donnernd in das Loch des Berges stürzten.

Der Zugang zum Innenreich war für immer verschlossen. – Ende des zweiten Buches.

Der wirbelnde Schnee fiel so dicht auf den Berghang, daß Idur und seine siebzehn Zwerge darin steckenblieben. Sie wären verschüttet worden und erfroren, wenn nicht der Knabe, der jetzt schon größer war als die Zwerge, zwei bei der Hand genommen und so alle hinter sich her zum silbernen Turm gezogen hätte. Als sie da anlangten, hingen ihnen Eiszapfen von den Fingern und von der Nase, drinnen aber wärmten sie sich, drei Tage lang.

Allmählich legte sich der Schneesturm, es wurde totenstill, und Idur sprach: »Menschenknabe, geh einmal und schau hinaus.«

Der Knabe tat, wie ihm geheißen war. Er sah, daß überall viel Schnee gefallen war, aber der Wind die kupfernen Straßen blankgefegt hatte. Nun kamen auch die Zwerge heraus und hielten Ausschau nach ihrem Reich. Die Wälder waren weiß, als hätte jeder Baum ein gestärktes Hemd am Leibe, die Meere waren kieselhart gefroren, und anstatt Felder und Wiesen lagen da riesige weiße Tücher.

Die Sonne kam, ein großer roter Ball, aber sie stieg nicht höher als fünf Daumenlängen über den Horizont. Sie tauchte das weiße Zwergenreich in eine brandrote Glut und ließ die Eiszapfen an dem steinernen Regenbogen funkeln. Da sah Idur den Wasserstrahl des Springbrunnens. Das letzte Wort, das der Wind damit geschrieben hatte, hing steif gefroren in der Luft: »Prosprempl, Nemosi!«, was soviel bedeutet wie: »Lebe wohl, Nemosi!«

Der Zwerg begann zu weinen. »Hier will ich sterben«, schluchzte er, »in dem toten Glanz des Außenreichs, in den Überresten von Aradabar, meiner Stadt, denn nie mehr werde ich Nemosi wiederfinden, der drunten im Innenreich ist.«

Doch der Oberwolf mit dem goldenen Halsband trat vor ihn hin und sprach: »Die Tiere deines Reichs wandern nach Süden aus, wo auch die Sonnenwärme hingezogen ist. Wir werden dich, der du unser König warst, und die Deinen nicht im Stich lassen. Wir werden dich auf dem Rücken mitnehmen.«

Idur jedoch antwortete: »Unser Reich ist hier und unter der Erde und nicht im Süden.«

Darauf erwiderte der Oberwolf: »Wir werden im Süden ein Tierreich gründen, und du sollst unser König sein. Aus den kupfernen Pflastersteinen von Aradabar werden wir dir eine Burg bauen, damit du mit den Zwergen darin wohnen kannst. Der Menschenknabe soll bei uns bleiben und unser Führer sein.«

Da stimmte Idur zu, und der große Auszug begann. Der Knabe ging voran; er watete durch den Schnee, so daß ein Pfad entstand, über den Tausende von Tieren in langem Zug dahinzogen, jedes mit einem kupfernen Pflasterstück im Maul. Den Zug beschlossen siebzehn Wölfe, jeder mit einem Zwerg auf dem Rücken. Ganz am Ende kam der Oberwolf mit dem goldenen Halsband. Auf seinem Rücken saß Idur; er saß verkehrt, um so lange wie möglich zu sehen, was von seiner Stadt Aradabar noch übrig war: das allmählich schwindende Gefunkel des vielfarbenen steinernen Regenbogens, die goldene Sonnenscheibe und den silbernen Turm, die letzten Eisbuchstaben des Wasserstrahls aus dem Springbrunnen. »Prosprempl, Nemosi!« murmelte er, während die Tränen auf seinen Wangen zu Eis erstarrten.

Tage, Wochen, Monate zogen sie so dahin, gegeißelt vom Eisregen, die Augen blind vom Schnee, und schließlich mußten sie gegen den schwarzen Eisbeißer kämpfen. Einige Tiere und zwei Zwerge fanden dabei den Tod. Doch langsam stieg die Sonne höher am Horizont. Die Schneedecke wurde dünner und machte Sümpfen Platz. Hier schlugen sie die große Schlacht gegen den schrecklichen Brüllfrosch, die das Leben von drei Zwergen und vielen Tieren forderte. Aber das Ungeheuer wurde durch den Speer des Menschenknaben erlegt, so daß Idur dessen Tapferkeit pries und ihm den letzten goldenen Zierat der Stadt schenkte.

Endlich erreichten sie den warmen Süden, wo der kupferne Löwe nachts über ihren Häuptern glänzte. Dort bauten die zwölf übriggebliebenen Zwerge unter der Leitung Idurs eine kupferne Burg aus den Pflasterstücken von Aradabar, welche die Tiere im Maul mitgetragen hatten, und sie machten die Säle so groß, als wären sie für den Menschenknaben bestimmt. So viele Steine waren noch übrig, daß kupferne Berge herumgebaut werden konnten.

Dann sprach Idur: »Rund um die Burg in den kupfernen Bergen soll das Reich der Tiere sein. In der Burg wird euer König wohnen, aber nicht Idur wird dies sein. Wählt euch einen andern.«

Die Tiere riefen: »Der Tapfere, der uns hierher geführt hat, der die Schlacht gewann, der den schrecklichen Brüllfrosch erschlug, er soll unser König sein.«

Der Menschenknabe trat vor, mit dem goldenen Zierat von Aradabar als Krone auf dem Haupt, und er wurde ausgerufen als König aller Tiere und der Zwerge, die über der Erde wohnen, und sie nannten ihn »Mansolein«, was bedeutet: »Er, der den Speer warf.« – Ende des dritten Buches.

Das vierte Buch: Weissagungen

In der Mitte der Burg hatten die Zwerge einen Saal aus Perlmutter gebaut. Der junge König Mansolein, Idur und seine zwölf Zwerge, der Oberwolf und die andern Tiere, die ein goldenes Halsband trugen, begaben sich dahin, um ein Fest zu feiern. Sie zündeten weiße Kerzen an und tranken roten Wein. »Ein Hoch dem neuen König! Ein Hoch dem neuen Reich! Ein Hoch den Zwergen und den Tieren!«

Dann wurde ein Eselstanz getanzt, die Zwerge sangen das Lied von den zwölf Hämmern, und die Tiere trugen die Ballade vom Schneelöwen vor.

Doch Idur war traurig, und König Mansolein fragte ihn, warum er nicht mehr König sein wolle und warum er nicht mitsinge. Idur antwortete: »Ich trauere um Nemosi. Aradabar liegt unter tausend Daumen Schnee begraben. Tausend Daumen Schnee liegen auf dem steinernen Treppenweg und Schnee über Schnee hält den Feuerberg, den Zugang zu unserm Innenreich, verschlossen. Doch wir wollen auf die Suche gehen, die zwölf Zwerge und ich, um einen andern Zugang in das unterirdische Reich zu finden. Wir werden nicht hier bleiben, sondern wandern und wandern, bis an die Grenzen des Schnees, über Berge und Täler, durch Grotten und Höhlen, denn wir wollen nicht bleiben, wo Nemosi und die andern nicht sind.«

Da wurde auch Mansolein betrübt, denn er wollte nicht allein in der Kupfernen Burg bleiben. Aber Idur sprach: »Du wirst uns von Zeit zu Zeit wiedersehen. Die Tiere mit dem goldenen Halsband werden bei dir in der Burg bleiben und dein Hofstaat sein. Und überdies«, fuhr der Zwerg fort, »werde ich dir ein langes Leben geben, ein viel längeres als das der gewöhnlichen Menschen, nicht so lang freilich wie das der Zwerge. Zähle die Kerzen, die hier im Saal brennen: So viele Jahre wird dein Leben währen.«

Mansolein zählte, die Tiere zählten, und es waren tausend.

Da stand plötzlich der Zwerg Anor auf. Alles schwieg, denn in seinen Augen war ein seltsames Licht: er sah die Zukunft. Er begann zu singen, ganz leise und immerfort auf einem Ton, während seine Augen emporstarrten.

»Ich sehe den kupfernen Löwen zurückgekehrt genau über Aradabar stehen. Der Schnee wird zu Wasser, das Wasser wird Dampf. Der Zugang ist frei. Ich sehe Zwerge. Sie gehen aus und ein, aber ich kenne sie nicht. Ich sehe das Blaue Meer, ich sehe die Kupfernen Berge, die Kupferne Burg, einen alten, alten König mit tausend Runzeln und Falten und einem langen weißen Bart. Er ist allein. Er schläft. Oder ist er tot? Ich sehe die schwarzen Föhren. Ein Mann eilt hastig vorbei. Er trägt etwas in den hohlen Händen; es ist etwas Kostbares, was er trägt. Ich höre etwas ticken, eine alte Uhr: tik, tak-tik, tak-tik. Die Uhr steht beinahe still, oder ist es ein Herz? Ich höre klopfen. Es hallt in den kupfernen Gängen. Es kommt Leben in die ausgestorbene Burg. Ich sehe Tiere, neue Tiere: einen Löwen, ein Kaninchen, einen Wolf und einen sehr alten dreiköpfigen Drachen. Der alte König schläft. Ich sehe tausend Kerzen brennen – tausend Lebensjahre. Der Saal ist voll von Tieren, voll Musik. Es ist ein Fest. Aber es muß noch eine Kerze dazukommen. Wenn die eine Kerze noch brennend hereingebracht wird, werden es noch einmal tausend Lebensjahre sein. Ich sehe die Türe aufgehen, aber ...«

Bei diesen Worten stockte die Stimme des Zwerges Anor. Er strich sich über die Augen, schüttelte den Kopf und setzte sich langsam nieder. Die Zukunft war vor seinen Augen dunkel geworden, er sah nichts mehr. Die Tiere mit den goldenen Halsbändern, der junge König, sie blieben alle stumm, denn sie begriffen nicht viel von all diesen Worten. Waren tausend Jahre nicht genug? Und woher sollte die eine Kerze noch kommen? Endlich sprach Idur: »Laßt uns das Fest beenden. Leb wohl, Mansolein, König aller Tiere und von uns Zwergen – solange wir in deinem Reich wohnen, leb wohl, regiere in Weisheit und Gerechtigkeit, laß den Frieden herrschen in deiner Kupfernen Burg. Laß kein Tier innerhalb dieser Mauern je einem andern Tier ein Leid antun!«

Darauf zogen die Zwerge fort, um über die Erde zu wandern bis an die Grenze des Schnees und einen neuen Eingang in das Innenreich zu suchen, wo Nemosi und die andern lebten. Es waren ihrer dreizehn, die in den Bergen und in den Tälern, in Schluchten und Höhlen suchten, aber die Menschen haben sie nie gesehen. – Ende des vierten Buchs.

Der Zwerg hielt mit dem Vorlesen inne. Er legte die vier Bücher aufeinander zu Füßen des alten Königs nieder. Im Saal herrschte Halbdunkel, denn fast alle Kerzen waren niedergebrannt. Wieviel Zeit war verstrichen, seit er mit dem Vorlesen begonnen hatte? Ein Tag? Fünf Tage? Der Hase fuhr erschrocken auf und sprang eilends zum Lehnstuhl. Schlief König Mansolein? Oder … oder …? Er steckte sein Ohr unter den Bart und horchte, während alle Tiere den Atem anhielten. Aber wer hatte unterdessen auf das Eingangstor aufgepaßt? Wer hatte auch nur die Ohren gespitzt, um zu horchen? Niemand.

Keins von den Tieren hatte das Klopfen gehört, keines von allen vernahm das Geräusch am Küchenfenster, niemand sah die dunkle Gestalt hereinklettern, in die Kästen gucken, das Feuer anblasen, eine Kerze entzünden, ein schwarzes Pfännchen mit Wasser füllen und ein Säftchen kochen. Alle Aufmerksamkeit der Tiere war auf König Mansolein im Perlmuttersaal gerichtet.

»Er stirbt«, flüsterte der Hase. »Es ist alles umsonst gewesen. Die tausend Jahre sind um, und der Wunderdoktor kommt zu spät.« Er begann zu schluchzen. »Das Schlüsselkraut hätte ihn noch retten können, aber …«

Im selben Augenblick ging die Tür auf, und eine dunkle Gestalt trat herein. Sie trug ein Servierbrett, auf dem, über einem kleinen Flämmchen, ein dampfendes Pfännchen stand. Der Zwerg stieß einen Schrei aus. »Die brennende Kerze!« rief er. »Die brennende Kerze aus dem Buch der Weissagungen, die hereingebracht werden muß!«

Der Hase war aufgefahren und auf die Gestalt zugesprungen. »Wunderdoktor!« rief er. »Schnell, schnell, das Schlüsselkraut!«

Der Wunderdoktor lächelte und stellte das Brett neben dem Sitz des Königs nieder. »Hier ist das Schlüsselkraut«, sagte er. »Ich habe in der Küche einen Trank daraus bereitet, denn niemand hat mir das Tor geöffnet, als ich anklopfte.«

Mit einem Löffel goß er vorsichtig etwas von dem Trank zwischen die Lippen des sterbenden Königs. Mansolein seufzte und seufzte noch einmal. Drei Löffel von dem Schlüsselkrauttrank flößte ihm der Wunderdoktor ein. Dann sagte er leise: »Laßt ihn allein. Er muß schlafen.«

Alle Tiere schlichen auf den äußersten Spitzen ihrer Zehen aus dem Saal, das Schaf rutschte sogar auf seinem wollenen Bauch, um nur ja keinen Lärm zu machen.

Der Wunderdoktor war zur rechten Zeit gekommen. König Mansolein war gerettet.

Vierzehntes Kapitel

Am nächsten Abend saß König Mansolein wieder auf seinem Thron im Thronsaal. Der Hase stand neben ihm, mit einem Ohr unter dem Bart, und nickte zufrieden. »Es sitzt wieder richtig«, sagte er feierlich. »Es geht wie früher.«

Die Tiere saßen um den Thron, der dreiköpfige Drache stand dahinter, und das Schaf lag auf dem weißen Bart, der zu Füßen des Königs wie ein Mantel auf den Boden gebreitet war. Der Zwerg saß auf der Ofenbank und der Wunderdoktor auf einem Stuhl gegenüber dem Thron.

König Mansolein sprach: »Ich danke euch Tieren, daß ihr gekommen seid. Eure Erzählungen haben mir das Leben gerettet. Ich danke dem Hasen für seine Sorge und Pflege, und ich danke dem Zwerg dafür, daß er die vier alten Bücher zurückgebracht hat. (Der Zwerg murmelte etwas in seinen Bart.) Es war wie ein Traum, die alten Geschichten wieder zu hören, und nun bin ich erwacht. Aber vor allem will ich dem Wunderdoktor danken. Er hat das Schlüsselkraut geholt. Er hat die größten Gefahren bestanden. Darum soll die letzte Geschichte, die hier erzählt wird, die Erzählung des Wunderdoktors sein.«

Das Schlüsselkraut wächst im hohen Norden an der Grenze des Schnees. Wo, das ist ein Geheimnis, das niemandem verraten werden darf. Sonst hätte ich besser eine Krähe geschickt, um es zu pflücken. Ich konnte auch nicht auf einem Pferd dahin reiten, denn kein Pferd darf über die Kahle Heide, weil dort unter jedem Stein eine Schlange haust. Ich mußte also zu Fuß dahin, und weil der König nicht mehr viele Tage zu leben hatte, lief ich Tag und Nacht.

Das Eichhörnchen, dem ich als erstem begegnete, und später das Kaninchen sandte ich sofort in die Kupferne Burg, ihre Geschichten zu erzählen. Aber sobald ich auf der Heide war, begegnete ich keinem Tier mehr außer dem Wolf, der sich als einziger dorthin wagt. Auf seinen schnellen Füßen ist er, wie ich gehört habe, vor den zwei andern als erster hier angekommen.

Am Abend langte ich bei dem großen Eichbaum an, dem einzigen Baum auf der Heide. Siebenmal siebenmal siebenmal hat ihn der Blitz getroffen, und er ist voll schwarzer Risse und Sprünge. Auf einem seiner Zweige saß ein Sperber. Ihn schickte ich aus, daß er andere Tiere bitte, zur Burg zu gehen, wenn sie eine Erzählung wüßten. Glücklicherweise sind genug gekommen.

Am Ende der Kahlen Heide traf ich eine Schlange, die mir mit ihrer gespaltenen Zunge prophezeite, ich würde von den glatten Felswänden herunterrutschen. Ich glaubte ihr nicht, aber sie hatte recht.

Die ersten hohen Berge waren noch bewachsen und boten einen Halt, aber dahinter lagen die Felsen, glitschglatt gewaschen durch Hunderte von Jahren Regen, und gerade als ich glaubte, die höchste Spitze ergreifen zu können, glitten meine vor Kälte erstarrten Finger ab, und ich rutschte hinunter. Immer schneller und härter wie ein rollender Stein kollerte ich in die Tiefe, und als ich die Schlucht unter mir sah, war ich überzeugt, daß ich mir den Hals brechen würde, aber dort unten wuchsen zarte Birken, die mich mit ihren federnden Zweigen auffingen, so daß ich mir nur das Knie verletzte. Jetzt bemerkte ich erst, daß Schnee zu fallen begann, und in der Eile schlug ich den falschen Weg ein, nach der Seite, wo die Schlucht keinen Ausweg hat. Das bedeutete den Verlust eines ganzen Tages, und um den richtigen Weg wiederzufinden, mußte ich einen Bergbach durchwaten. Das eiskalte Wasser stach wie Nadeln in meine bloßen Füße, bis sie ganz gefühllos waren und ich deshalb einen Fehltritt tat. Ich sank bis an die Schultern ins Wasser. Beinahe wäre ich ertrunken, doch ich erreichte gerade noch das Ufer. Zum Glück konnte ich ein Feuer machen, um mich zu trocknen, sonst wäre ich sicher erfroren.

Der Rauch des Feuers zog die Aufmerksamkeit einer Schwalbe auf sich, die gerade vorbeiflog. Sie zeigte mir den kürzesten Weg aus der Schlucht, und ich bat sie, dann gleich in die Kupferne Burg zu fliegen und eine ihrer Geschichten zu erzählen und dem Hasen über mich zu berichten. Mein Weg ging weiter durch die dunklen Tannenwälder, wo die Sonnenstrahlen nie bis zum Grund dringen, so daß die abgefallenen Nadeln pechschwarz auf dem Boden liegen. Manche Stellen sind so schwarz wie die Nacht. Wer den Weg nicht kennt, stößt seinen Kopf an den Stämmen an und bleibt mit den Haaren am Harz kleben.

Endlich kam ich zu den Schwarzföhren. Der Boden rundum ist sumpfig, und wer hier den Weg nicht weiß, sinkt bis zum Hals in den kalten Morast ein. Dann steigen die grauen Dämpfe aus dem schwarzen Wasser und wallen um einen her, bis man nichts mehr sieht. Aber ich wußte den Weg und blies die Dämpfe weg, bis der Schnee mir die Augen blendete.

Die verborgene Stelle, wo das Schlüsselkraut wächst, war schwer zu finden, und ich mußte lange mit meinen Händen im kalten Schnee graben, bis ich sie entdeckte. Als ich die Blätter fand, waren schon graue Flecken auf dem Grün, und ich fürchtete, daß sie erfroren seien. Ich pflückte zwölf, nahm sie in meine hohlen Hände und blies meinen warmen Atem darauf, während ich den Weg zurücklief, an den schwarzen Föhren vorbei, durch die dunklen Tannenwälder und durch den eiskalten Bach. Wieder mußte ich über die glatten Felswände, und jetzt konnte ich beim Klettern nicht einmal meine Hände gebrauchen.

Darum suchte ich einen unterirdischen Weg durch die Berge, und so fand ich die Höhle. Ich kroch hinein, entzündete ein Licht, und da sah ich einen Ochsenschädel. Daneben lag das Gerippe einer Hexe. Es hatte zwei silberne Ringe um die Beine und einen um den Hals. Im Fallen hatte sie offenbar einen Sack Buchstaben umgestoßen, die halb zerbröckelt auf dem Boden verstreut lagen. Da erinnerte ich mich einer alten Erzählung von einem

Drachen. Tief in Gedanken versunken, hörte ich nicht, daß jemand hinter mir hereinkam. Ich sah ihn erst, als er vor mir stand. Es war ein Zwerg.

»Was ist das hier?« fragte er.

»Was ist das hier?« fragte ich zurück.

»Was hast du da in den Händen?« fragte er.

»Was sind das für Bücher, die du da trägst?« fragte ich.

Aber der Zwerg sagte darauf nur: »Kannst du lesen, was da auf dem Boden steht?« und zeigte auf die Buchstaben.

»Jawohl«, antwortete ich.

Bei diesen Worten ließ der Zwerg die Bücher fallen und starrte mich an. »Jahrelang suche ich schon …«, sagte er mit vor Erregung zitternder Stimme, »jahrelang suchen wir Zwerge den Zugang zu unserm Reich. Als ich die

Buchstaben in dieser Höhle fand, hoffte ich eine Botschaft zu finden oder eine Weissagung, ich konnte nicht lesen, was da stand. Ich holte die ältesten Bücher herbei, die Idur aus der Kupfernen Burg mitgenommen hatte, wo sie verwahrt werden, aber ich konnte die Bedeutung dieser Worte darin nicht finden.« Der Zwerg packte mich beim Arm. »Sag mir, was da steht«, flehte er.

Darauf antwortete ich: »Ich werde dir vorlesen, was da geschrieben steht, aber versprich mir, dann sofort mit diesen vier uralten Büchern in die Kupferne Burg zu gehen, wo König Mansolein im Sterben liegt. Folge dem Zwergenweg, den niemand anderer gehen kann. Vielleicht wird es seine Rettung sein.«

Der Zwerg nickte. Ich mußte über seinen Glauben lächeln und sagte: »Was hier steht, ist keine Botschaft und keine Weissagung. Ich kann es lesen, weil ich ein Arzt bin. Die Buchstaben hier auf dem Boden bilden Worte, die besagen, wie man eine Salbe bereitet, um gebrochene Beine zu heilen. Und ich las: ›Gli kara, proeteia plastar mastiku, nojpol tseginto kroskrokko teaja.‹ Das heißt: ›Nimm Lehm vom Grund des Schwarzen Meeres und streiche ihn auf deine gebrochenen Beine!‹«

Einen Augenblick stand der Zwerg sprachlos, dann lachte er so unbändig, daß ich ihn nur mit Mühe beschwichtigen konnte.

»Davon hab' ich nichts«, brachte er endlich heraus, »aber los, Zwergenwort ist Zwergenwort.« Er hob die Bücher wieder auf und verschwand auf dem nur ihm bekannten Weg zur Kupfernen Burg. Leider konnte ich ihm das Schlüsselkraut nicht mitgeben, denn die Bereitung des Tranks ist ein Geheimnis. Doch ich wußte, daß die Geschichten, die in den Büchern stehen, das Leben des Königs gerade noch würden retten können.

Ich eilte weiter über die Gebirge; ich weiß nicht, wie viele Tage ich auf dem Weg war, doch sicher wäre ich zu spät gekommen, hätte mir nicht ein besonders glücklicher Umstand geholfen. Als ich mit großer Mühe den letzten Berg überstiegen hatte und wieder am Beginn der Kahlen Heide stand, lief da das einzige Pferd, das die Heide betreten darf. Keine Schlange kann dieses Pferd beißen, denn es hat Hufe von Gold.

»Mein König ist gestorben«, sagte es zu mir. »Ich suche einen andern.«

Darauf ich: »Ich werde dich zu einem König bringen, der wieder leben wird. Lauf schneller als der Wind!«, und mit diesen Worten sprang ich auf seinen Rücken.

Drei Stunden später klopfte ich hier ans Tor, aber niemand tat mir auf. Ich mußte durchs Fenster in die Küche klettern; dort bereitete ich den Schlüsselkrauttrank und brachte ihn auf einem brennenden Lichtchen.

So habt ihr alle die brennende Kerze hereinkommen sehen, von der in dem alten Buche zu lesen ist, und jetzt versteht ihr, wieso diese Kerze tausend Lebensjahre bedeutet.

Fünfzehntes Kapitel

Kaum war der Wunderdoktor mit seiner Erzählung zu Ende, als ein gewaltiger Tumult unter den Tieren losbrach. »Das Pferd mit den goldenen Hufen!« riefen sie alle. »Wo ist es denn?«

»Im Stall«, antwortete der Wunderdoktor.

»Laßt es hereinkommen«, sprach König Mansolein.

Die Tiere liefen durch die Gänge und kamen im Nu mit dem Pferd in ihrer Mitte zurück. Der Wunderdoktor führte es am Zügel vor den König. »Majestät«, sprach er, »es soll fortan Euer Reittier sein.«

Das Pferd neigte den Kopf, und König Mansolein bestieg es. Im Triumph ritt er vor den Tieren, dem Zwerg und dem Wunderdoktor her durch den kupfernen Gang in den Perlmuttersaal. Hier scharten sich alle wieder um ihn, und der König sprach feierlich: »Ihr Tiere, die ihr hier versammelt seid, ihr Geschichtenerzähler, wollt ihr mein neuer Hofstaat sein?«

»Ja, Majestät!« riefen sie alle.

Da holte der König unter seinem Mantel zwölf goldene Halsbänder hervor und ließ die Tiere eins nach dem andern vortreten, den Hasen als ersten. »Hase«, sprach der König, »du, der du mir alle die Jahre über so treu gedient hast, du sollst nach mir der Erste am Hof sein. Du darfst nachts auf meinem Bart schlafen, und fortan sollst du Ritter Hase heißen.« Der Hase glühte ordentlich vor Stolz, als Mansolein ihm den goldenen Reif um den Hals legte. Darauf erhielt der Wolf ein goldenes Halsband umgetan, und der König sagte zu ihm: »Du sollst fortan Ritter Wolf sein.« Desgleichen tat er auch bei den anderen Tieren. Sie wurden zu Rittern erhoben: Ritter Eichhörnchen, Ritter Kaninchen, Ritter Enterich, Ritter Schaf. Da zirpte auf einmal der Käfer herein: »Ich muß nicht Ritter sein. Ich bleibe gemütlich in der Wolle sitzen und tue von selbst alles mit dem Schaf mit.«

Der König lächelte und legte den nächsten Goldreif dem Löwen um den Hals. »Du sollst nunmehr Ritter Löwe heißen.« Jetzt kamen die zehn Hummeln an die Reihe. »Wir können Euch nicht dienen, Herr König«, summten sie, »aber wir werden an der Seite des Pferdes bleiben.«

Sie flogen in einem Kreis um das Pferd herum und sangen noch einmal ihr Liedchen:

»Wer trägt die goldenen Hufe,
die Hufe von purem Gold?
Wer hat eine samtweiche Nase,
eine Nase wie Sammet so weich?«

»Nun also, Ritter Drache«, fuhr der König fort, aber der Drache zog erschrocken seine drei Köpfe zurück. »Keine Ringe um meinen Hals, bitte«, schnaubte er. »Ich werde ruhig im kupfernen Stall wohnen bleiben und Feuer niesen, wenn es gebraucht wird.«

»Gut«, sagte der König und lächelte wieder.

Schließlich kamen die übrigen Tiere dran: Ritter Feldmaus, Ritter Stadtmaus, Ritter Esel. Der Esel machte ganz große Augen und sagte leise: »Eigentlich ... der arme Ritter Esel.« Da lachte der König Mansolein und holte unter seinem Mantel einen großen Hut hervor; er war aus goldgelbem Stroh und hatte zwei Löcher. »Sieh her, armer Esel«, sprach er, »fortan sollst du heißen Ritter Esel vom goldenen Hut«, und er setzte dem Esel den Hut auf den Kopf.

»Und nun«, sprach der König weiter, »habe ich noch ein goldenes Halsband übrig. Für wen wird dies sein?«

Alle sahen sich im Kreis um: »Für den Zwerg!«

»Nein«, brummte das Männlein, »ich will hier nicht bleiben, ich muß weiter suchen wie meine Kameraden.«

»Gut«, antwortete der König. »So zieh denn in Frieden, Zwerg, und grüße Idur, wenn du ihn siehst. Aber zuerst feiere mit uns.«

Sogleich begannen die Tiere einen Rundtanz, und damit nahm das größte Fest seinen Anfang, das jemals im Perlmuttersaal gefeiert worden war. Tausende von Kerzen brannten, die leckersten Gerichte wurden aufgetragen, wie Walnüsse in Honig, Lavendeltorte mit Meeresschaum. Girlanden mit Lampions daran hingen wieder im Saal, weiße Rosen, blaue Glyzinien und Mohnblumen, so groß wie Regenschirme, standen in Vasen. Die Tiere tanzten den Eselstanz, die Hummeln summten fröhlich dazu, der Hase spielte auf seiner Ziehharmonika, der

Zwerg tanzte ganz allein einen Stiefelabsatztanz, und die zwei Mäuse erzählten Scherze. »Ach, ganz wie früher!« lachte der König und klatschte vor Vergnügen in die Hände.

»Ruhe jetzt! Ruhe!« piepsten die Mäuse. »Wir wissen noch eine sehr lustige Geschichte. Hört einmal zu!«

Es wurde mäuschenstill. »Also?« fragte der Löwe.

Aber statt der lustigen Geschichte vernahmen alle ein Klopfen am Tor. »Aufmachen! Aufmachen!« rief jemand.

»Sofort!« rief der Hase und lief durch den Gang.

Die Tiere hörten, wie das Tor aufging und wieder geschlossen wurde. Sie hörten Stimmen im Gang, dann erschien in der Tür des Perlmuttersaals ein Kaninchen. »Ich ... ich habe gehört, daß hier Geschichten erzählt werden sollen, und ich … ich …« Da stockte seine Stimme. »Ikke!« rief es plötzlich.

»Flitz!« schrie Ikke. »Flitz, da bist du ja wieder!« Und die zwei Kaninchenbrüder umarmten einander, bis ihre Schnurrbarthaare nicht mehr zu unterscheiden waren.

»Ach«, sagte König Mansolein, »einen Geschichtenerzähler brauchen wir jetzt nicht mehr. Seine Geschichte werden wir ein andermal hören. Aber ich werde ihm das zwölfte goldene Halsband geben, und er soll Ritter Flitz heißen.«

Es wurde weitergefeiert, noch fröhlicher als zuvor, bis tief in die Nacht hinein. Endlich sagte der König: »Jetzt gehen wir schlafen, denn morgen will ich einen Rundritt durch mein Reich unternehmen. Das Pferd mit den goldenen Hufen soll mich zu allen Tieren bringen und vielleicht auch zu einem der Zwerge. Schlaft wohl!«

»Wünschen wohl zu ruhen, Herr König!« riefen die Tiere, und jedes begab sich wieder auf seinen Schlafplatz: der Hase auf den Bart des Königs, der Wolf ins Gästezimmer, das Eichhörnchen in den gläsernen Saal zwischen die Geranien, die zwei Kaninchen, Ikke und Flitz, zusammen in den Büchersaal, wo jetzt auch die vier ältesten Bücher wieder auf ihren Plätzen lagen, der Enterich in den Liliensaal, das Schaf in den Kleesaal, der Löwe in das Turmzimmer mit dem seltsamen Gemälde, die zehn Hummeln in den Gartensaal, der dreiköpfige Drache in die kupfernen Stallungen, die Feldmaus und die Stadtmaus unter den Herd in der Küche, die Schwalbe in die Mauernische unterm Dach, der arme Esel, ich meine den Ritter Esel vom goldenen Hut, in die Waschküche, das

Pferd mit den goldenen Hufen auf den ihm bereiteten Platz vor des Königs Schlafzimmer, der Käfer kroch tiefer in die Locken des Schafes, und der Zwerg …

Nein, der Zwerg ging nicht zu Bett. Er sprach mit dem Wunderdoktor über ein Stechen im Rücken.

»Das kommt von dem vielen Bücken beim Suchen nach dem Eingang in das unterirdische Reich«, sagte der Doktor.

»Kannst du mir etwas dagegen geben?« fragte der Zwerg. »Ein Mittelchen, auf den Rücken zu schmieren?«

»Nein«, antwortete der Doktor. »Du mußt immer aufrecht gehen und nach den Sternen schauen.«

»Pah«, erwiderte der Zwerg geringschätzig. »Ich habe keine Sehnsucht nach oben.« Er stand auf, schwang den Sack auf seinen Rücken, kletterte durchs Fenster und verschwand unter den Bäumen.

Der Wunderdoktor streckte sich auf der Ofenbank aus, gähnte laut und schlief sogleich ein, während der Mond im Osten aufging und seinen Schein auf die Kupfernen Berge warf.

Das alles ist geschehen vor langer, langer Zeit. Man sagt, daß die Zwerge später zurückgekommen sind, Idur und seine zwölf, und daß sie mit der Hilfe von Wunschblumen alle zugleich einen schrecklichen Wunsch ausgesprochen haben, nicht hinauf zur goldenen Stadt in den Sternen, sondern hinunter in ihr unterirdisches Reich. Die Kupferne Burg soll damals mitsamt den Bergen und allem in die Tiefe gesunken sein. Man sagt auch, daß Idur damals Nemosi wiederfand und daß König Mansolein und sein Tierhofstaat jetzt warten müssen, bis der Schnee geschmolzen ist, um auf der steinernen Treppe des Feuerbergs wieder hinaufsteigen zu können. Aber niemand weiß, ob das wahr ist, niemand weiß, ob König Mansolein noch lebt, denn niemand weiß, ob der Wunderdoktor etwas von dem Schlüsselkraut aufgehoben hat.

Nur *eines* ist sicher: Unter der dichten Schneedecke im Norden liegt noch immer ein steinerner Regenbogen begraben und auch ein silberner Turm mit einer goldenen Sonnenscheibe darauf, und an der Stelle, wo die Kupfernen Berge waren, rauscht nun das blaue Blaue Meer.

Inhalt